四川外国语大学重庆非通用语学院
系列研究丛书

丝绸之路区域合作新论

Regional Cooperations
Along the Silk Road

主 编·姜淑芹　副主编·兰 颖

时 事 出 版 社
北 京

图书在版编目（CIP）数据

丝绸之路区域合作新论 / 姜淑芹主编. —北京：时事出版社，2021.11
ISBN 978-7-5195-0451-9

Ⅰ. ①丝… Ⅱ. ①姜… Ⅲ. ①丝绸之路—国际合作—经济合作—欧洲、亚洲 Ⅳ. ①F114.46

中国版本图书馆 CIP 数据核字（2021）第 215550 号

出版发行：时事出版社
地　　址：北京市海淀区彰化路 138 号西荣阁 B 座 G2 层
邮　　编：100097
发行热线：（010）88869831　88869832
传　　真：（010）88869875
电子邮箱：shishichubanshe@ sina. com
网　　址：www. shishishe. com
印　　刷：北京良义印刷科技有限公司

开本：787×1092　1/16　印张：12.5　字数：180 千字
2021 年 11 月第 1 版　2021 年 11 月第 1 次印刷
定价：88.00 元

主　　　编：姜淑芹
副　主　编：兰　颖
编委会成员：（以姓氏笔画为序）
伍红军　任思奇　范金刚
苏森森　赵　桐　郭继红

目录

contents

前　　言

丝绸之路包括陆上丝绸之路与海上丝绸之路，是古代中国与世界各国贸易交往和文化交流的通道。2013 年 9 月，中国国家主席习近平提出建设“新丝绸之路经济带”的倡议与构想，使古老的丝绸之路精神焕发了新的生机，有力地推动了沿线各国的区域合作。如何促进各个区域之间的合作与融合，加快区域之间的互通互联，创建良好的合作模式，是摆在我们面前的课题。本书从理论和实践两个维度探索了经济与文化产业方面区域合作的机遇、挑战与对策，是对区域合作模式的有益探索。

五篇理论探索的文章首先从宏观层面探索丝绸之路文明交往的意蕴、文化产业合作面临的机遇与挑战，其中最值得一提的便是极具中国文化特色且与西方经济和文化融合度很高的中医药发展。《丝绸之路的文明交往意蕴探析》辨析了文明交往的基本概念，指出新丝绸之路文明交往的历史意义，认为它体现了新时代中华文明对外交往的丰富形式、落实了新时代中华文明对外交往的理念原则、把握了新时代中华文明对外交往的发展规律，三者辩证统一，充分表明当代中华文明对人类文明进步发展的趋势和规律的准确把握。两篇关于中国文化产业发展的文章充分肯定了中华文化“走出去”的机遇，并指出目前面临的困境。任思奇总结了中国企业国际竞争力总体较低、优质品牌效应缺乏、产品创意性不足、文化认同存在冲突、消费能力与意愿存在不足五个方面的问题，提出推进创意核心的文化产业链形成、提升文化产业科技融合度、加强针对性的产品开发、挖掘盘活可转化的文化资源、借鉴国内外文化产业发展经验五条突破路径。郭继红主要从中华文化海外传播的角度分析了目前面临的挑战，认为各国普遍重视经济发展，忽视文化交流，区域民族之间的文化差异和各种舆论产生的误解影响了中华文化海外传播的效度和广度。面对这些问题，我们应该在尊重差异的基础上坚定文化自信，培养高素质人才，改进传播方式，重点加强民间交流以提高传播实效。两篇文章分别从强内功、巧开拓两个方面探索文化产业"走出去"的模式，非常具有指导意义。

中国医药学有几千年的发展历史，是中国传统文化的瑰宝，也是世界文化遗产的一颗璀璨明珠。"一带一路"倡议为中医药学在沿线国家的传播与交流提供了前所未有的机遇。本书收录了两篇专门研究中医药发展的文章，苏森森指出中医药发展的重要意义，认为它是推动国际合作的重要项目，能够成为守护全人类健康的重要力量，增进世界各国的人文交流。兰颖则分析了中医药对外传播面临的挑战与对策，关注到中医药文化与西方医学核心价值的哲学基因对抗和中医药文化在国外传播的结构性失衡两大问题，提出在尊重沿线国家多元文化的基础上，扩大中西医文化间性区间，加强与沿线国家传统医学的共建共享，以推动中医药文化在目标文化体系中的大众化进程，探索了建设人类健康共同体的可行性路径。

随着区域交流的进一步深入，货物运输和文化贸易的重要性日益突出。黄浩分析了中欧班列的发展成效，针对目前重复线路过多，地方政府干预过多，企业过分重视表面数据等问题，提出三大优化对策。赵桐的两篇文章专门从金融角度探索了文化产业发展的构想，提出文化产品或项目的价值判断应从简单的价格高低转变到文化影响力大小；建立文化产业基金推动区域文化贸易；文创产品要与中国制造紧密结合，引入大数据、区块链等互联网技术，让互联网技术参与到文创产业的全流程中，提升产品价值。

另外四篇文章从国别角度探索了区域合作实践。《中希文化交流与融通研究》梳理中国和希腊两国交流的历史与现状，提出以欧盟为依托，充分发挥地区优势，扩大文化交流范围，推动两国文化交流再上新台阶。《中蒙俄广电出版新闻领域合作的新发展》介绍了中国、蒙古国和俄罗斯三国在广播电影电视、文化出版发行和新闻媒体宣传方面的交流合作，展望了未来的发展前景。《阿联酋迪拜酋长国互联互通经验探析》分析了迪拜的发展政策、交通与基础设施建设、自贸区模式、融资能力、促进人文交流等方面的发展经验，总结了未来两国合作可采用的模式。《新加坡大国平衡战略探析》专门研究了新加坡这个微型国家大国平衡战略的背景、实施、效果与局限性，为我们相关策略的提出提供参考。

区域合作是未来发展的主流方向之一。中国已经在经济领域与世界各国建立了密切的联系，还需要不断加强文化等软实力领域的合作与交往。本书重点探索了文化产业、文化贸易、文化传播等领域的发展机遇与模式，结合具体行业和国家的交流实践，希望能够进一步推动中国的对外文化交流事业，推动区域合作，打造人类命运共同体。

理论探索篇

丝绸之路的文明交往意蕴探析

任思奇*

随着全球化进程的持续加深，世界不同区域之间的联系变得前所未有的紧密，全人类正在建立马克思、恩格斯所言的“普遍交往”关系。与此同时，中国特色社会主义进入了新时代。在十九大报告中，习近平总书记指出：“要尊重世界文明多样性，以文明交流超越文明隔阂、文明互鉴超越文明冲突、文明共存超越文明优越”，并且呼吁“各国人民同心协力，构建人类命运共同体。”① 这表明，习近平新时代中国特色社会主义思想当中包含了关于世界各文明之间应当如何进行交往的相关理论。习近平更具体且独特地站在了人类文明关系的角度去揭示未来。文明交往的过程中，不同文明之间由于文化习俗、社会结构、政治体制、意识形态等方面的不同，在互动

* 任思奇，博士，中共四川省委党校马克思主义学院教师，主要从事中国特色社会主义理论和当代社会文化发展研究。

① 习近平：“决胜全面建成小康社会 夺取新时代中国特色社会主义伟大胜利——在中国共产党第十九次全国代表大会上的报告”，新华网，2017 年 10 月 27 日，http://www.xinhuanet.com//2017-10/27/c_1121867529.htm。

中往往会采取不同的策略，形成各自的行为模式。“一带一路”倡议正是当代中华文明与世界其他文明交往的重要实践，彰显了中华文明的特色、风貌、气派，以及与时代相符合的交往形式、交往原则和交往理念。

一、“文明交往”的基本概念辨析

“文明交往”作为一个复合词，由“文明”与“交往”两部分组成，后者虽在生活中不常用，学术争议却不多也并不复杂，通常意指主体之间发生的一种物质和精神层面相互影响、交流、交换的实践活动。前者则刚好相反，在生活中时常使用，在学术上也存在广泛争议，需要专门探讨。

（一）“文明”的多重内涵

“文明”是一个汉语高频词，无论是在生活中还是学术探讨上都极为常见。不同学科、不同专业的学者们都在自己的领域内频繁使用这一概念，但通常又不会专门去探讨这个常用词的真正内涵，结果造成人人讲“文明”却又都不能讲清“文明”的现状。从词源来看，中文的“文明”二字早在《易》中就曾出现，如“其德刚健而文明，应乎天而时行，是以元亨”等。孔颖达在注疏《书·舜典》中“濬哲文明，温恭允塞”一句时认为：“经天纬地曰文，照临四方曰明。”古语中的“文明”有推行文教以移风易俗，从而使社会更加开化、秩序更为良好、人民更富修养的含义。与之相对应的英文词为“Civilization”，在牛津辞典中，它包含多个层面，可用于意指：高度发展和秩序化的社会状态，处于不同时代、地区的人群的文化和生活方式，包含世界上所有人及其社会在内的整体，能够使人感受到舒适的现代生活方式等。

目前，中西学者对“文明”的定义十分多样，在视角、表述等方面有不少差别。有学者总结后认为主要有两类四种对文明的定义：“认为文明是人类改造自然社会及自身的一定进步程度的积极成果，这是对文明从成果的角度研究的；认为文明是文化发展的高级阶段，这是对文明从阶段时期角度研究的；认为文明是一定时期一定地区、国家、民族的特殊模式，这是从不同文明的模式角度研究的；认为文明是一定时期评定某一制度行为的标准，这是以文明为评价尺度来考虑的。”①

在探讨文明交往时我们很容易发现，当大量涉及“文明”一词时，在不同语境下，它将出现不同的含义或同时存有多种含义，特别值得注意。首先，“文明”一词时常意指人类在不断的生活与生产实践活动中，对自然与社会进行改造而创造出的一系列积极成果的总和，既包括物质方面的成果，也包括精神方面的成果。其次，“文明”一词时常意指在特定历史时期处于世界特定区域内的人类社群整体，这些群体受制于不同的自然与社会环境因素，基于文化背景、意识形态等因素形成各自的认同边界，例如中华文明、西方文明等。最后，“文明”一词还时常包括创造出丰富多彩的文明成果，并通过利用或享受这些文明成果进而变得更加文明的人及其集合，否则文明交往便失去了主体。

---

① 孙进己、干志耿著：《文明论：人类文明的形成发展与前景》，人民出版社 2011 年版，第 18 页。

（二）“文明交往”的内涵要义

马克思主义认为，生产劳动实践与交往实践都是人类的基本实践活动。马克思指出：“人们在生产中不仅影响自然界，也相互影响，他们只有以一定的方式共同活动和互相交换其活动，才能进行生产。”① 将这种相互交换劳动的实践活动扩展到各文明之间，即是不同文明之间将各自的生产生活实践进行交换，具体而言就是交换各自在其独有自然与社会条件下所创造出的文明成果。要想理解这种文明交往活动，以下两个方面特别值得注意：

第一，应当明确在文明交往实践中，“文明”既是交往的内容，又是交往的主体。在这一语境下，“文明”作为一个复合概念的复杂性得到体现。一方面，文明交往的内容就是“文明”。不同文明之间相互接触后，以贸易、战争、外交等多种形式不断交换着各自在其特定自然和社会条件下生产出的物质产品和精神产品。如前所述，这些都可以被称为丰富多样的文明成果，是文明交往的重要内容。另一方面，文明交往的主体也是“文明”。一般认为主体就是人，“交往”是现实人的主体间活动，而当人与人之间的交往实践活动日益复杂时，仅把人作为主体来看待就不能满足认识社会的需要，而将一部分交往中的人的群体看作一个有意识的共同体主体便极为必要，这种共同体主体可以是家庭、社团，也可以是民族、国家。例如在国际外交活动中，每一个国家就是一个主体，它基于领土边界进行的划分。与之类似，在文明交往活动中，其主体便是基于特定的历史文化背景和生活方式划分出认同的边界的人类社群，即一个

① 马克思、恩格斯著，中共中央编译局译：《马克思恩格斯全集（第30卷）》，人民出版社1995年版，第25页。

特定的“文明”，如中华文明、西方文明等。

第二，应当明确文明交往活动是一种外部交往行为。在讨论交往问题时，马克思指出：“不仅一个民族与其他民族的关系，而且这个民族本身的整个内部结构也取决于自己的生产以及自己内部和外部的交往的发展程度。”① 这一观点实际上对“民族”作为一个共同体主体的交往行为进行了“内部交往”和“外部交往”的区分。这一区分使得在理论上对一个社会的交往行为进行探讨变得更加便利。同样以国际外交活动为例，这是主权国家之间的外部交往，其内外边界在于国界。而文明交往活动是不同“文明”间的交往活动，其内外边界的确定标准更复杂，且范围更广，譬如西欧主要国家和北美国家通常会被划归为西方文明。当然，这一内外的划分也是相对的，当讨论当代中华文明与西方文明关系时，西方各国之间的外交活动便成为一种内部交往活动。一个文明的内部交往与外部交往有相互联系、相互影响之处，但其在形式、原则、策略、方法等方面的差别更为显著。

二、文明交往的世界历史意义

马克思主义认为，交往的普遍化发展对于人类历史有着极为重要的意义，它将促使人类历史真正成为世界历史，进而使人类文明成为世界性的文明，也只有在世界历史意义上，共产主义才能实现。

---

① 马克思、恩格斯著，中共中央编译局译：《马克思恩格斯选集（第 1 卷）》，人民出版社 1995 年版，第 68 页。

（一）文明交往是人类走向世界历史重要的实践活动

作为人类的一种基本实践，交往活动的发展经历了从简单到复杂、从个体到群体、从地区到世界的历程，其中起决定性作用的是生产力的发展水平。生产力水平越高，交往的复杂程度和范围广度也随之提升，即文明的进步带来了普遍的文明交往，并使之成为人类的重要实践活动。

首先，人类交往实践的持续发展必然导致文明交往。在较早的时期，世界各地诞生了众多不同的文明，但由于空间的阻隔，存在于同一时间的文明之间的往来联系也极为稀少。随着资本主义生产方式的出现，过去那种偶然的、间断的、小规模的、小范围的交往在交通工具突飞猛进的发展中被打破，马克思指出：“资本一方面要力求摧毁交往即交换的一切地方限制，征服整个地球作为它的市场；另一方面，它又力求用时间去消灭空间，就是说，把商品从一个地方转移到另一个地方所花费的时间缩减到最低限度。”① 此后，生产力的发展和人类的交往规模成正比例增长，原本被自然环境分割开来的不同人类文明之间常态的、大规模的、更复杂的交往活动开始形成并持续发展，直至成为世界性的交往。这是人类历史进程不可抗拒的必然逻辑结果。

其次，已经建立起的文明交往关系将持续为一种常态。不同文明由于所处自然与社会环境的不同，所掌握的优势产品各有差别，它们之间在发生接触时，不同的产品就产生了相互交换的效果，而当这种交换活动越发频繁、便利，自然的分工就会形成，文明内部

---

① 马克思、恩格斯著，中共中央编译局译：《马克思恩格斯全集（第30卷）》，人民出版社1995年版，第538页。

的联系就遭到破坏，被更优化的交往方式替代。如此，文明之间便会在生产领域逐渐形成相互依赖的合作方式，处于这种紧密联系中的任何一个文明的发展都将与其他文明相关。这样的联系一旦建立起来便难以摆脱，否则只有付出更多的代价才能恢复相应的生产。一些特殊的历史事件或许会导致其受到限制、减小规模，但纵观人类历史可发现，除非是文明彻底消灭，未见已有常态联系彻底中断的情形。

再次，人类历史只有在文明交往中才能真正成为世界历史。马克思主义认为，随着资本主义的发展，特别是世界市场的形成，人类各文明最终都将被卷入其中，人类历史才会逐渐转变为世界历史。而且，也只有当人类历史转变为世界历史以后，共产主义才能够实现，因为“交往的任何扩大都会消灭地域性的共产主义。共产主义只有作为占统治地位的各民族‘立即’同时发生的行动才可能是经验的，而这是以生产力的普遍发展和与此有关的世界交往的普遍发展为前提的”。①

（二）世界文明在交往中加速进步

马克思认为资产阶级在其统治的一百多年时间里所创造出的生产力，比过去一切世代创造的生产力总和还要多，这一在1848年做出的判断如今在经济历史学的考证之下得到验证。马克思也揭示出资本主义促进生产力发展的秘密之一就在于科学技术发展引发的交通方式的改变，“足够强大的资本借助于与它相适应的交往方式，摧

① 马克思、恩格斯著，中共中央编译局译：《马克思恩格斯全集（第3卷）》，人民出版社1956年版，第39页。

毁了束缚和妨碍与资本相适应的运动的那些历史限制。”① 而且，世界范围内普遍交往的形成也是人类文明加速发展的催化剂。

首先，人类已经创造出来的文明成果在交往中得以保存。马克思指出：“某一个地方创造出来的生产力，特别是发明，在往后的发展中是否会失传，取决于交往扩展的情况。”② 如果交往活动仅在相邻的地区内进行，那么各种发明在每一个地方都必须重新进行，并且一旦发生诸如战争、暴动等事件，都有可能使已经具有较高生产力水平的文明从头再来。在这个意义上，一个文明创造出的成果在交往中被另一个文明习得，实际上是留下了“备份”。文明交往范围越广泛，这种“备份”便越多，只有当交往活动有了世界性质和大工业发展的基础，已经创造出的生产力才有了真正可靠的保障。

其次，人类文明的生产力水平在文明交往过程中得以加速发展。文明交往在生产力的持续发展中形成并逐渐扩大，同时，文明交往反过来也成为促进生产力发展的重要力量。文明内部的实践创造不再是生产力发展的唯一路径，在文明交往的条件下，一方面，文明的内部分工开始被文明间的分工所取代，特别是世界市场的逐渐形成，“使每个文明国家以及这些国家中的每一个人的需要的满足都依赖于整个世界”,③ 分工中带有自然性质的痕迹由此被完全消灭，效率得到进一步提升；另一方面，文明交往实质上也是不同文明间的在生产与生活实践中所获得的丰富经验和智慧的交换，原本一个文

① 马克思、恩格斯著，中共中央编译局译：《马克思恩格斯全集（第31卷）》，人民出版社1998年版，第42页。

② 马克思、恩格斯著，中共中央编译局译，《马克思恩格斯全集（第3卷）》，人民出版社1956年版，第61页。

③ 马克思、恩格斯著，中共中央编译局译，《马克思恩格斯全集（第3卷）》，人民出版社1956年版，第68页。

明前进所依靠的自身的积累转变成多个文明的共同积累，其脚下巨人的肩膀就变得更高了。越多的文明加入到交往之中，所形成的合力就越强大，人类文明进步的速度就越快。

三、“一带一路”倡议是当代中华文明对外交往的全新实践

随着全球化进程的加快，人类各文明之间的交往得到前所未有的深入发展，人类似乎距离马克思、恩格斯所预言的世界范围内普遍交往的时代越来越近。这也给文明交往实践带来了新的机遇和挑战，过去的某些交往模式、交往原则、交往策略等可能已不再合时宜。如何在世界文明普遍交往的时代有所作为，也是正处于实现自身伟大复兴的当代中华文明所必须面对的重要问题。习近平提出的“一带一路”倡议就是在马克思主义关于文明交往的相关理论指导下对于这个问题的回答之一，它充分体现了当代中华文明在文明交往实践中所要采取的形式、原则、理念，展现了开放的世界大国的全新姿态。

（一）“一带一路”倡议体现了新时代中华文明对外交往的丰富形式

自分散在世界各地的不同文明偶然遭遇并展开交往以来，出现了多种多样的交往形式，在较早的历史时期中，贸易与战争最为常见。随着时代的进步，特别是第二次世界大战以后，人类认识到虽然战争过去的确在客观上促进了文明间的交流，但当代战争所能带

来的除了文明的毁灭之外别无其他。因此，各文明之间的交往越来越以和平的形式为主。“一带一路”倡议中就包含众多不同的和平交往形式，综合体现了当代人类文明交往的适当路径与正确模式，例如：其一，商业贸易。这种自古以来存续至今的重要文明交往形式，在和平年代更是当仁不让的主角，对促进各文明间的交流互鉴具有重要意义，是各个领域全球化发展的重要基础。习近平提出要与“一带一路”倡议的参与国“发展互利共赢的经贸伙伴关系，促进同各相关国家贸易和投资便利化，建设‘一带一路’自由贸易网络”,① 充分表明了对商业贸易的重视。

其二，政府外交。外交活动是一种以国家主权为依托，以特定的方式并遵循特定规则的文明交往实践。政府外交是一种极为广泛的文明交往形式，其展开可能涉及并影响到诸多领域，如协调相关制度和法律、提供政策便利和支持、创建交流平台和渠道、给予官方服务和协助等。习近平向各国提出，“希望通过开展‘一带一路’建设国际合作，形成政策协调、规划对接的合力……加强经济、金融、贸易、投资等领域宏观政策协调，共同营造有利的外部发展环境”②，即是通过外交的形式为多领域合作提供支持。

其三，民间往来。随着全球化进程的加快，各文明间的非政府组织和个人往来越发频繁。特别是个人的涉外活动如旅行、留学、移民等，在文明交往中占有日益重要的地位。每一个个体作为文明共同体的成员，其思维与行为都受到其所生活的文明的影响，烙印着中华文明的文化特征，虽然单独的个体行为不能够代表整个文明，

① 习近平：“在‘一带一路’国际合作高峰论坛开幕式上的演讲”，《人民日报》2017 年 5 月 15 日，第 3 版。

② 习近平：“在‘一带一路’国际合作高峰论坛圆桌峰会上的闭幕辞”，新华网，2017 年 5 月 15 日，http：//www. xinhuanet. com//politics/2017 –05/15/c_1120976534. htm。

但当数量足够庞大时便形成共同体意义上的文明交往活动。在“一带一路”倡议中，习近平指出：“必须加强人民友好往来，增进相互了解和传统友谊，为开展区域合作奠定坚实民意基础和社会基础。”[①] 民心相通是“一带一路”倡议的重要内容和人文基础，对于在沿线国家之间形成相互理解、欣赏、尊重的人文格局而言极为重要。

此外，“一带一路”倡议还包含学术教育等其他文明交往的形式，描绘出一幅全方位的立体文明交往图景，综合体现了当代中华文明的对外交往模式，也为世界文明交往实践活动提供了新范式。

（二）“一带一路”倡议落实了新时代中华文明对外交往的理念原则

不同的文明由于其文化背景，特别是价值观念、意识形态等方面的差异，对待文明交往活动也存在多样的态度，在展开文明交往实践时，通常抱有不同的理念、秉持不同的原则，进而采取不同的行为模式。中华文明深厚的文化积淀和中国特色社会主义事业的发展共同孕育出具有中国特色、中国风貌的价值体系，故当代中华文明在对外交往时秉持着与西方文明不同的理念原则。“一带一路”倡议既是对这些原则最充分的彰显，也是对这些原则的具体落实。

“一带一路”倡议中，坚定落实了中国始终秉持的文明交往基本原则，例如：其一，和平发展原则。纵观人类文明交往史，战争的阴影始终挥之不去，即便在以和平与发展为主题的当今世界，由文明差异带来的地区冲突依然存在。与西方文明不同，中华文明的传

---

① 习近平：“在纳扎尔巴耶夫大学的演讲”，《人民日报》2013 年 9 月 8 日，第 3 版。

统文化中具有崇尚和平的基因，加之对近代以来的历史经验教训的总结及当代中国持续发展的利益需求，都要求营造一个持续和平的世界环境。习近平强调，“一带一路”首先是和平之路，“‘一带一路’建设离不开和平安宁的环境”，[①] 习近平倡议中国和沿线各国共同努力，消除动荡与冲突，共建共享安全格局。

其二，平等包容原则。在漫长的文明交往史中，人类各文明之间的不平等关系和对立冲突极为常见，一个文明征服另一个文明，一个文明在另一个文明的土地上殖民，一个文明试图同化另一个文明，建立起的是不平等的关系，展现出的是狭隘刻薄的态度。在当代中华文明中，平等是社会主义核心价值观的要求，宽容是优秀传统文化的沉淀，更是当代中华文明的对外态度。习近平指出：“各种人类文明在价值上是平等的……文明没有高低、优劣之分”，“只要秉持包容精神，就不存在什么‘文明冲突’。”[②] “一带一路”倡议以海纳百川的胸襟，提供了一个开放包容的平台，各个国家都是平等的参与者，既没有特权也不存在任何歧视，形成了跨文明的良好合作模式。

其三，共同繁荣原则。利益始终是人类文明交往活动中的核心主题之一，绝大多数文明的交往活动，无论是贸易还是战争，其最终指向都是各个方面的利益。当然，在过去，一个文明时常会为了自身的利益而损害其他文明的利益，譬如西方文明在资本主义时期的血腥扩张，而当代中华文明的发展“绝不以牺牲别国利益为代价，

---

① 习近平：“在‘一带一路’国际合作高峰论坛开幕式上的演讲”，《人民日报》2017年5月15日第3版。

② 习近平：“在联合国教科文组织总部的演讲”，《人民日报》2014年3月28日，第3版。

我们绝不做损人利己、以邻为壑的事情”。[1] 并且在此基础上，“一带一路”倡议还更加重视世界各文明携手共同发展。在“一带一路”倡议中，中国欢迎相关各方搭乘中国发展的“便车”，形成共商、共建、共享的良好合作模式，参与各国既是贡献者，也是受益者，在中华文明、伊斯兰文明、西方文明之间架起互学互鉴、共同繁荣的桥梁。

（三）“一带一路”倡议把握了新时代中华文明对外交往的发展规律

文明交往作为一种人类重要的实践活动有其自身发展的规律，要真正实现对这些规律的把握既需要理论层面的研究，也需要实践层面的总结。随着“一带一路”倡议的推进，结合学者们对文明交往相关理论的研究，我们可以发现“一带一路”倡议准确地把握了当代世界文明交往及当代中华文明在对外交往活动的一些重要规律，并在实践中有充分的体现。其中包括：

第一，新时代中华文明的交往实践应是多领域交往的辩证统一。文明交往涉及经济、政治、文化等多个领域，过去世代的一次或相关的一系列文明交往活动大多集中于某一方面，或虽涉及多个方面但却是简单地为了便利而共同行动，极少有意识地形成相互关联、协同共进的辩证统一关系。而逐渐形成多领域综合交往的模式是时代所趋。当代中华文明的世界影响力与日俱增，特别是在经济领域创造出的一系列奇迹令世界赞叹，但在其他领域的影响力则没有随之产生正比变化，提升软实力极为迫切。因此，中央提出要“开展

---

① 习近平：“在德国科尔伯基金会的演讲”，《人民日报》2014 年 3 月 30 日，第 2 版。

多渠道多形式多层次对外文化交流，广泛参与世界文明对话，促进文化相互借鉴，增强中华文化在世界上的感召力和影响力，共同维护文化多样性”，[①] 即包含了要在世界文明交往的更多领域获得相应成就之意。“一带一路”倡议充分体现了多领域协同发展的理念，政策协调、经贸发展、人文交流都是“一带一路”的应有之义。作为前提的“五通”建设不是各自的单打独斗，而是有机的系统工程，政策沟通是保障、设施联通是基础、贸易畅通是重点、资金融通是支撑、民心相通是助力。作为目标的“五路”即和平之路、繁荣之路、开放之路、创新之路、文明之路，显然不是某一领域的具体要求，而是对全局辩证统一的把握。

第二，新时代中华文明的交往实践应是全球化与本土化的辩证统一。自资本主义在世界范围内强势扩张以来，人类文明发展的多个方面，如经济、科技、文化等都呈现出一种“对标”西方文明的趋势，西方文明似乎要同化世界一切文明。全球化进程的推进，使得越来越多的文明意识到保持自身的生活方式、文化习俗、价值理念等方面独特性的重要意义，兴起了本土化发展的浪潮。在很多时候，全球化与本土化被认为是完全对立的两个方向，但实际上二者是在同时进行且相互联系的。“一带一路”倡议高度重视全球化与本土化的辩证统一：一方面，它致力于促进参与各国在共建共享的理念指导下，打破固有的成见，消灭无形的枷锁，形成风雨同舟的“命运共同体”，共创美好未来，体现出高屋建瓴的全球性视野。另一方面，它又对保存沿线文明的独特性高度重视。习近平指出：“中国支持不同文明和宗教对话，鼓励加强各国文化交流和民间往来，

① “中共中央关于深化文化体制改革　推动社会主义文化大发展大繁荣若干重大问题的决定”，《人民日报》2011 年 10 月 26 日，第 1 版。

支持丝绸之路沿线国家联合申请世界文化遗产。”① 中华文明不仅不会借由这个平台实施任何形式的文化霸权，反而秉持文明多样性的理念，提倡和而不同、百花齐放的文化发展路径，携手开创更多彩而富有选择性的未来。

第三，新时代中华文明的交往实践应是传承与创新的辩证统一。如前所述，文明的发展总是后人在前人所取得的辉煌成果的基础上不断进行再创造而实现的。一些文明成果在这一过程中越发耀眼，也有一些文明成果在新的历史阶段反转成一种阻碍文明进步的桎梏，最终在漫长的历史长河中逐渐被取代而消逝。传承与创新的张力在文明的发展过程中始终存在，是不以人意志为转移的客观历史现象。当代中华文明在对外交往活动中，既应当展现出五千年历史的沉淀，也需要顺应时代的召唤。“一带一路”倡议做到传承与创新的统一，是厚重历史的时代再现。一方面，它依托于古代陆上与海上丝绸之路，二者在人类文明交往史上已然留下浓墨重彩的笔迹，对沿线文明乃至整个人类文明的进步做出重大贡献，而由此形成的情感上、历史上、文化上的认同，则是传承下来的重要财富。另一方面，它又摒弃了古代丝绸之路上那些暴力、愚昧的交往方式，并重新注入诸如守望相助、共商共建、合作共赢、开放包容等充分彰显新时代中华文明的特色、风貌和气派的现代、科学的交往理念，能够推进当代各文明之间的交流互鉴乃至永续发展。

“一带一路”倡议在上述三个方面做到辩证统一，充分表明了当代中华文明对人类文明进步发展的趋势和规律的准确把握，随着“一带一路”倡议的展开和深入，人类文明将实现更普遍的交往，共

① 习近平：“联通引领发展　伙伴聚焦合作——在‘加强互联互通伙伴关系’东道主伙伴对话会上的讲话”，《人民日报》2014年11月9日，第2版。

同迈向更光明的未来。

参考文献

[1] 马克思、恩格斯著，中共中央编译局译：《马克思恩格斯选集（第1卷）》，人民出版社1995年版。

[2] 马克思、恩格斯著，中共中央编译局译，《马克思恩格斯全集（第3卷）》，人民出版社1956年版。

[3] 马克思、恩格斯著，中共中央编译局译：《马克思恩格斯全集（第30卷）》，人民出版社1995年版。

[4] 马克思、恩格斯著，中共中央编译局译：《马克思恩格斯全集（第31卷）》，人民出版社1998年版。

[5] 彭树智著：《文明交往论》，陕西人民出版社2002年版。

[6] [美] 亨廷顿著，周琪等译：《文明的冲突与世界秩序的重建》，新华出版社2009年版。

[7] [英] 威廉斯著，刘建基译：《关键词——文化与社会的词汇》，三联书店2005年版。

[8] 孙进己、干志耿著：《文明论：人类文明的形成发展与前景》，人民出版社2011年版。

[9] 习近平："决胜全面建成小康社会夺取新时代中国特色社会主义伟大胜利——在中国共产党第十九次全国代表大会上的报告"，新华网，2017年10月27日，http://www.xinhuanet.com//2017-10/27/c_1121867529.htm。

[10] 习近平："在'一带一路'国际合作高峰论坛开幕式上的演讲"，《人民日报》2017年5月15日，第3版。

[11] 习近平："在'一带一路'国际合作高峰论坛圆桌峰会上的

闭幕辞”，新华网，2017 年 5 月 15 日，http：//www. xinhuanet. com//politics/2017 －05/15/c_1120976534. htm。

［12］习近平：“在纳扎尔巴耶夫大学的演讲”，《人民日报》2013 年 9 月 8 日，第 3 版。

［13］习近平：“齐心开创共建‘一带一路’美好未来——在第二届‘一带一路’国际合作高峰论坛开幕式上的主旨演讲”，《人民日报》2019 年 4 月 27 日，第 3 版。

［14］习近平：“开辟合作新起点　谋求发展新动力——在‘一带一路’国际合作高峰论坛圆桌峰会上的开幕辞”，《人民日报》2017 年 5 月 16 日，第 3 版。

［15］习近平：“弘扬丝路精神　深化中阿合作——在中阿合作论坛第六届部长级会议开幕式上的讲话”，《人民日报》2014 年 6 月 6 日，第 2 版。

［16］习近平：“在联合国教科文组织总部的演讲”，《人民日报》2014 年 3 月 28 日，第 3 版。

［17］习近平著：《习近平谈治国理政》，外文出版社 2014 年版。

中国文化产业“走出去”的机遇、困境与突破

任思奇*

中华文明五千多年的历史创造出丰富多彩的文化成果。习近平指出：“文化是一个国家、一个民族的灵魂”,① “古往今来，中华民族之所以在世界有地位、有影响，不是靠穷兵黩武，不是靠对外扩张，而是靠中华文化的强大感召力和吸引力”②。至于当今时代，中华民族要实现伟大复兴，就必须要使社会主义文化更加繁荣昌盛，必须不断提升中国的文化软实力，使中国从一个文化大国进一步转变为一个文化强国。而文化强国的重要标志之一，就是要有发达的文化产业。

目前，世界各国对“文化产业”的界定各有不同，学界也未形

---

* 任思奇，博士，中共四川省委党校马克思主义学院教师，主要从事中国特色社会主义理论和当代社会文化发展研究。

① 习近平：“在纪念孔子诞辰2565周年国际学术研讨会暨国际儒学联合会第五届会员大会开幕会上的讲话”，《人民日报》2014年9月25日，第2版。

② 习近平：“在文艺工作座谈会上的讲话”，《人民日报》2015年10月15日，第2版。

成通说。2018 年中国国家统计局发布的《文化及相关产业分类》中认为：“文化及相关产业是指为社会公众提供文化产品和文化相关产品的生产活动的集合。”[①] 因此，国内大多采用“文化产业”概念，与其所指内容相似的概念还有“创意产业”“版权产业”“内容产业”等，由于其产品往往需要颇具创意的开发设计，为突出这一特征，国内一些地区开始使用“文化创意产业”这一概念。近年来，我国的文化产业发展较快，各种新业态迅速兴起。据统计，“2018 年我国文化产业实现增加值 38737 亿元……文化产业增加值占 GDP 比重提高到 4.30% ……对 GDP 增量的年平均贡献率提高到 5.5%”。[②] 而且，随着改革开放的不断深入、文化对外交流的持续扩大，文化产品走出去已成为新的趋势，但是相较于欧美、日本等传统文化产业强国，中国文化产品的世界市场占有率仍然较低，随着“一带一路”倡议的推进，中国文化产业将迎来新的机遇和挑战。

一、“一带一路”倡议下中国文化产业“走出去”的机遇

“十三五”规划纲要指出，要使文化产业发展成为国民经济的支柱性产业，为实现这一目标，中国文化产业不能仅满足于占有部分国内市场，还必须要走出国门去开拓海外市场，参与国际竞争，

① “文化及相关产业分类（2018）”，国家统计局，2018 年 4 月 2 日，http：//www. stats. gov. cn/tjgz/tzgb/201804/t20180423_1595390. html。

② “文化事业繁荣兴盛　文化产业快速发展——新中国成立 70 周年经济社会发展成就系列报告之八”，国家统计局，2019 年 7 月 25 日，http：//www. stats. gov. cn/tjsj. /zxfb/201907/t20190724_1681393. html。

并在这一过程中不断总结提升，实现自我变革。“一带一路”倡议为中国文化产业的国际化发展提供了重要机遇。

（一）“一带一路”倡议的核心精神指引文化产业“走出去”

习近平指出：“古丝绸之路绵亘万里，延续千年，积淀了以和平合作、开放包容、互学互鉴、互利共赢为核心的丝路精神。这是人类文明的宝贵遗产。”① 自“一带一路”倡议提出以来，这些丝路精神成为始终贯彻的建设理念，为中国文化产业“走出去”营造了良好的环境，提供了前进的指引。

首先，和平合作理念为文化产业外向发展奠定了基调。在古代丝绸之路上留下千古佳话的是善意的驼队和友谊的宝船，而非战马长矛或坚船利炮。“一带一路”倡议下中国文化产业“走出去”要获取成功，采取的必须是、也只能是和平的模式，这是不可动摇的主旨。

其次，开放包容理念为中国文化产业外向发展摆正了态度。古代丝绸之路跨越了数个文明，连接了众多国度，汇集了大量不同的文化，形成求同存异、融合发展的壮丽诗篇。“一带一路”倡议下中国文化产业“走出去”，无论是自身做到尊重、包容其他文明，还是引导他国采取开放包容的态度，都更有利于自身在当地立足生根、良好发展。

再次，互学互鉴理念为中国文化产业外向发展确定了方略。古代丝绸之路促进了沿线国家间的文明交流互鉴，商品的互换和人员的往来既实现了物质资料的互换，也促成知识观念的交流。“一带一

① 习近平：“在‘一带一路’国际合作高峰论坛开幕式上的演讲”，《人民日报》2017年5月15日，第3版。

路”倡议下中国文化产业“走出去”，必定要重视相关领域的交流互鉴，既要推出中国文化产品和引进他国文化产品，也要学习借鉴沿线文化产业发达国家的先进经验。

最后，互利共赢理念为中国文化产业外向发展明确了目标。古代丝绸之路上的繁荣使沿线各国能够共享各自在物质和精神领域创造出来的优秀文明成果，从而走向兴旺发达。“一带一路”倡议下中国文化产业“走出去”，追求的同样是利益，但绝不是要搞从沿线各国的同行那里抢夺“蛋糕”的零和游戏，而是期望与沿线各国的同行合作把“蛋糕”做得更大，让大家都过得更好。

（二）“一带一路”倡议的主要内容支持文化产业“走出去”

“一带一路”倡议以不断推进实现政策沟通、设施联通、贸易畅通、资金融通、民心相通为主要内容，加强“五通”建设为中国文化产业“走出去”提供了强大的支持，使其可能走得更稳、更远。

第一，政策沟通为中国文化产业外向发展提供了基础保障。任何实务领域的对外交往要深入和扩大发展，都需要国家的帮助、政策的支持，只有通过国际外交的形式，交往各国才能达成政治互信和合作共识，形成相关法律法规、战略规划、决策方案的对接，如此方能更顺利、有效地推进交往。“一带一路”倡议始终致力于在双边、多边框架下推进文化领域的合作，加强文化相关产业的政策沟通与对接是其应有之义。在已经签署的合作协议中，涉及不少新闻、旅游、体育、艺术、教育等文化产业领域，为文化产业“走出去”提供了坚实基础。

第二，设施联通为中国文化产业外向发展提供了物质条件。基础设施的对接是任何交往活动规模扩大和程度加深的前置条件，“一带一路”倡议中正在形成的基础设施网络既包括传统的公路、铁路、航道等交通设施的连接，也包括电力、油气管道等能源设施的连接，还包括光缆、卫星等信息通道的连接。而文化产业“走出去”既要运输具有文化附加值的实体产品和提供文化服务的人员，又需要能够高效传播非物质形态文化产品的现代网络通信技术，因此设施联通对其而言是极为重要的辅助条件。

第三，贸易畅通为中国文化产业外向发展提供了关键支撑。要实现各类文化产品的出口，必然面临通关成本、营商环境、产业配套、结构升级、增长点发掘等诸多方面的问题。“一带一路”倡议致力于不断提升沿线各国的贸易和投资便利化程度、改善营商环境、创新商业模式、消除非关税贸易壁垒，文化产业作为一种传统贸易与现代新业态高度融合的产业，正需要最优化的产业链、供应链、服务链支持，故完全可能从一整套激励方案中获得最大的利益，实现自身的发展。

第四，资金融通为中国文化产业外向发展提供了重要支持。在“一带一路”倡议中，中国与沿线国家开展了广泛多样的金融合作，使各行业的发展都获得便利。中国文化产业走向沿线各国，离不开当地的金融服务，包括存贷款、结算、清算、汇兑、财务顾问、风险管控、股权融资、支付技术等。金融领域的深度合作有利于为文化产业提供更有力的资金支持和金融便利。

第五，民心相通为中国文化产业外向发展提供了社会根基。“一带一路”倡议是一项跨国、跨文化、跨领域的重大战略构想，对沿线各国人民群众的生活必然产生巨大影响，倡议自始便高度重视民意基础和社会根基，想方设法获得各国民众的认同感。中国文化产业“走出去”既需要民心相通的社会根基，又能够进一步促进民心相通。就前者而言，文化产业的产品通常具有高度的文化附加值本身就是一种文化成果，“一带一路”倡议涉及多个文明，数十个国家，各国都有自己独特而丰富的文化，当外来文化进入时难免与本土文化发生碰撞，民心相通实际上是情感的认同，有利于消除文化上的摩擦、误会，实现深度对话交流。就后者而言，文化产业“走出去”本身又带有文化传播、对话、交流的意义，通过将文化产品推向国际市场，走进他国人民生活，也有利于加强相互理解和认同。

（三）“一带一路”倡议的发展目标鼓励文化产业“走出去”

习近平主席认为，“‘一带一路’倡议已经迈出坚实步伐。我们要乘势而上、顺势而为，推动‘一带一路’倡议行稳致远，迈向更加美好的未来”,[①] 并提出要将‘一带一路’倡议建设成为和平之路、繁荣之路、开放之路、创新之路、文明之路的发展目标。实现这一目标离不开文化产业的对外发展，也必定在诸多方面给予文化产业更多的支持和鼓励。

第一，要将“一带一路”建成和平之路，需要鼓励文化产业“走出去”。中国主张各国之间形成合作共赢的新型国际关系和共建共享的安全格局，彼此尊重、化解争端、消除危机与不公。实现这些主张的关键之一在于要传播中国声音，要弘扬社会主义核心价值观。而单纯依靠政治宣传要达到良好的效果并不容易，特别是价值观的传递，往往需要将之融入人民群众易于接受、喜闻乐见的一些文艺作品、文化产品中去，随着这些文化产品投入国际市场，能增加他国人民对中国文化价值的认同，使中国的意见获得更多的声援。

---

① 习近平：“在‘一带一路’国际合作高峰论坛开幕式上的演讲”，《人民日报》2017 年 5 月 15 日，第 3 版。

第二，要将“一带一路”建成繁荣之路，需要鼓励文化产业“走出去”。“一带一路”始终聚焦发展这一根本性的问题，不仅追求中国的发展，更追求沿线各国的共同发展。为了保持经济增长活力，沿线各国必须保持多方面、多领域的合作。文化产业作为现代经济的重要组成部分，受到各国的重视，在发达国家通常是国民经济的支柱性产业，在发展中国家则是经济增长的新兴力量。放宽文化产业限制、促进文化产品贸易、深化文化领域合作等通常是“一带一路”倡议下经贸合作协议的重要内容。中国文化产业发展势头良好、潜力较大，依托“一带一路”倡议走出去，更能为中国和沿线国家经济发展做出应有贡献。

第三，要将“一带一路”建成开放之路，需要鼓励文化产业“走出去”。“一带一路”致力于搭建开放型合作平台，创建开放发展环境，维护开放型世界经济。在各领域的国际贸易中，各国基于保护本土文化的目的，往往设置较高的文化产业贸易壁垒，即便在WTO规则中也有自由贸易原则的文化例外条款。但由于人们对于异域文化有着强烈的好奇心，随着传播技术的发展，贸易壁垒的阻隔效果越来越低。中国文化产品参与国际竞争，一方面，虽然尚不能抗衡西方既有的优势，但也给予了各国人民更多的消费选择，使世界文化市场相对更为多样、更为平衡，并获得可观的利润，也为其他发展中国家提供了示范效应；另一方面，文化产品的文化传播功能也能使开放发展的理念得到更有力的宣扬和更广泛的认同。

第四，要将“一带一路”建成创新之路，需要鼓励文化产业“走出去”。创新是发展的重要动力，“一带一路”倡议本身就是在传承基础上形成的伟大创举，创新驱动发展也是“一带一路”倡议坚持的理念。文化产业正是极为重视创新性和创造力的产业。一些国家使用的“创意产业”和我国2019年来一些地方使用的“文化创意产业”概念更凸显了创新在文化产业发展中的重要地位。同时文化产业的发展又往往与互联网、大数据、物联网等科技前沿深度合作，形成创意集群。鼓励文化产业“走出去”并展现出其创新创意能力，有利于形成示范标杆，优化创新环境氛围，聚集创意资源。

最后，要将“一带一路”建成文明之路，需要鼓励文化产业“走出去”。习近平主席强调：“文明因多样而交流，因交流而互鉴，因互鉴而发展。我们要加强世界上不同国家、不同民族、不同文化的交流互鉴。”① 文明交流互鉴的途径和领域众多，就前者而言有贸易、外交、留学、移民、访旅等，后者一般可分为经济、政治、文化、社会等多个方面。其中，各文明创造出的丰富而独特的文化是文明交往的重要内容，文化产品承载着大量的文化信息，以多样的形式通过不同的渠道直接深入到人民群众之中，承担起增进文明对话、消除文明隔阂的重要任务。

二、“一带一路”倡议下中国文化产业发展面临的困境

虽然“一带一路”倡议致力于推动中国文化产业走出去，并为其提供了丰富的机会，但中国文化产业的外向型发展之路并非一帆风顺，而是面临众多亟待克服的困难。

---

① 习近平：“深化文明交流互鉴　共建亚洲命运共同体——在亚洲文明对话大会开幕式上的主旨演讲”，《人民日报》2019年5月16日，第2版。

（一）国际竞争力总体较低

目前我国文化产业进入了一个高速发展的时期，经国家统计局核算，“2017 年全国文化及相关产业增加值为 34722 亿元，占 GDP 的比重为 4.2%……比上年增长 12.8%”。[①] 增长速度超过同期其他产业，仍属于朝阳产业。十八大以后，随着中国文化产业“走出去”战略的推进，相关贸易额增长比较迅速，文化产品进出口总额达到 1023.8 亿美元，比 2012 年增长了 15.4%。其中，对“一带一路”沿线国家的进出口总额为 184.8 亿美元，比 2012 年增长了 43.2%，单出口额就占 162.8 亿美元，而 2008 年仅为 55.4 亿美元。[②] 可见在“一带一路”倡议下，中国文化产业外向型发展取得了一定成绩。

但是总体上而言，中国文化产业的国际竞争力仍然不足。一方面，中国文化产业总体发展水平仍然相对落后。就其增加值的 GDP 占比而言，2013 年世界平均值为 5.26%，已高于中国 2018 年的水平，相较于其他文化产业发达国家的 8%—12% 而言，仍有较大差距。[③] 另一方面，中国在世界文化产品出口市场中所占份额虽然已超过 1/4，成为世界文化产业大国，但产品层次较低、附加值较低，缺乏核心竞争力，故不可谓是文化强国。中国文化产业要继续在“一带一路”倡议下发展，必须着眼于发掘和掌握核心竞争力。

---

① “2017 年我国文化及相关产业增加值占 GDP 比重为 4.2%”，国家统计局，2018 年 10 月 10 日，http：//www. stats. gov. cn/tjsj/zxfb/201810/t20181010_1626867. html。

② “文化事业繁荣兴盛　文化产业快速发展——新中国成立 70 周年经济社会发展成就系列报告之八”，国家统计局，2019 年 7 月 25 日，http：//www. stats. gov. cn/tjsj. /zxfb/201907/t20190724_1681393. html。

③ “世界主要经济体文化产业发展状况及特点”，国家统计局，2014 年 12 月 8 日，http：//www. stats. gov. cn/tjzs/tjsj/tjcb/dysj/201412/t20141209_649990. html。

（二）优质品牌效应缺乏

优质的品牌是文化产业重要的核心竞争力之一。我国文化产业发展迅速且种类繁多，但由于整体上起步较晚，尚不成熟，还没有形成具有国际影响的文化产业品牌。习近平总书记提出要推动“中国产品向中国品牌转变”。[①] 一个优质的品牌具有极高的公众知晓率、好感率和认同度，使消费者在选择产品时的倾向性更加明显。一些世界著名的文化产品品牌，通过增加产品附加值和提升销售量而带来的超额利润极其可观。除了商标品牌以外，文化产业的品牌还可以是区域性的文化象征符号，虽不具有独占性，也有较高的价值。例如成都市有众多涉及大熊猫的文化产品，它们可能来自不同的企业，但吸引消费者的并非某个企业的具体商品品牌，而是大熊猫这一元素，故成都市提出了要实施“天府大熊猫”品牌战略，“推动大熊猫文化‘走出去’，提高天府大熊猫品牌国际传播能力”。[②] 作为“一带一路”国内重要节点城市，熊猫文化及其产品走向沿线国家且广受欢迎，为成都文化产业发展创造了更丰富的机会。但遗憾的是，类似的成功案例并不常见。当然，品牌的打造并非一朝一夕之功，需要长时间的积累，有赖于产业链的发展、传播渠道的拓宽、文化资源的挖掘、营销模式的创新等。

---

① “习近平在河南考察时强调：深化改革发挥优势创新思路统筹兼顾　确保经济持续健康发展社会和谐稳定”，《人民日报》2014年5月11日，第1版。

② 成都市社会科学院编著：《成都市文化创意产业发展报告（2018）》，社会科学文献出版社2019年版，第105页。

（三）产品创意性不足

创意与创新是文化产业的生命，也是最关键的核心竞争力之一。目前，我国文化产业体量虽大，但许多文化企业都没有掌握高价值的自主知识产权，产品较为初级且同质化严重。最突出的例证即是各景点的“旅游纪念品”销售，“旅游纪念品”作为一种文化产品，其原本的意义在于“睹物忆景”，使消费者在旅游归去之后，能通过观看纪念品而回忆起旅途的见闻，是旅游文化产业的一部分。但当前全国各地旅游纪念品千篇一律，放置一段时间后，甚至令人无法想起在何处购买。而一些本身具有高度独特性的文化资源，其开发的文创产品虽然特征显著，但在形式的创意上又无法跳出“旅游纪念品”的怪圈。更令人遗憾的是，一些中国文化元素呈现出“墙内开花墙外香”的状态，如三国文化元素在日本文化创意产业中有大量广受欢迎的作品，花木兰在美国好莱坞的创作下闻名世界。在“一带一路”背景下，前述“低端”文化产品走出国门，短时间内会因刚刚出现在国际市场而畅销，但却难以长久，且初级产品的附加值较低、利润微薄，不利于文化产业的持续健康发展。

（四）文化认同存在冲突

世界上不同地区生活着的人们在其生产与生活实践过程中，受制于客观的自然环境、社会环境，故创造出不同的文化。“一带一路”倡议共建国家横跨多个文明，各自皆有悠久的历史和深厚的文化积淀，在宗教信仰、风俗习惯、道德观念、行为方式等方面存在巨大差异。文化产业走出去，就是要推销文化产品，而文化产品必定附带有文化内涵，若文化产品的文化附加意义与产品输入地文化存在冲突，则很可能在面对当地的审查制度时无法通过。即便是在审查制度相对宽松的国家和地区，文化上的差异也很可能导致消费者的反感进而使产品遭到民间的抵制。此类非关税壁垒的存在，一定程度上将对文化产业“走出去”造成障碍。

（五）消费能力与意愿存在不足

国际经验表明，“人均 GDP 超过 3000 美元，文化消费会快速增长；接近或超过 5000 美元文化消费会出现井喷”。[①] 而在人均 GDP 更低时，人们更倾向于满足基础需要的消费。近年来，全球经济的疲软态势并没有得到转变，世界各国或多或少会受到一定的影响，“一带一路”倡议共建国家多为发展中国家，本身经济发展水平总体上较低，抵御风险的能力较弱，世界经济的不景气对其而言更是“雪上加霜”。人民群众的微薄收入大多用于购买食物和生活必需品，对包括文化产品在内的其他产品的消费能力较低。还有部分沿线国家长期处于动荡之中，政权不稳、内战不断，尚不能安居乐业的当地人民群众大多缺乏消费文化产品的意愿。中国文化产业走向这类国家，则可能面临难以开辟市场的困境。

三、“一带一路”倡议下中国文化产业发展的突破路径

虽然存在一系列的困境，但是中国文化产业作为一个朝阳产业，

① 吴石磊：“中国文化产业发展对居民消费的影响研究”，东北师范大学博士学位论文，2014 年，第 1 页。

仍然有巨大的发展潜力和发展空间，采取适当的对策，发现正确的道路，充分发挥“一带一路”倡议所提供的机会与支持，方可使中国文化产业快速崛起，为此至少应当注意以下几个方面的内容。

（一）推进创意核心的文化产业链形成

文化产业是一个庞大的体系，拥有较为复杂的产业链结构，但目前中国的文化产业链尚未形成一个完整的系统，产业链较短，产业结构不甚合理。具体表现诸如：大多数从事文化产业的企业之间并没有形成紧密的联系合作；企业大多从事低端产品的生产、销售，且路径相对狭隘；企业生产活动大多在单一领域或部门进行，未以核心创意形成丰富的衍生产品等。中国文化产业若以此状态参与国际竞争难以取得优势，更无法在全球文化产业链中掌握主动权。完善中国文化产业链，关键在于掌握具有自主知识产权的核心创意设计，这是整个产业链的源头。以迪士尼为例，公司在掌握了一系列核心角色的知识产权的基础上，推出影视动漫作品、故事书籍、玩偶玩具、主题公园、舞台演绎、贴标生活用品等丰富的文化产品，形成完备的产业链经营模式，具有极强的国际竞争力。当然，核心创意的价值又由其消费者的认可程度来决定，得到消费者的高度认可后便可形成富有影响力的品牌，而这个过程可能是长期的经营，也可能是互联网上的一次狂欢。无论如何，最重要的仍在于创意设计，而创意本身往往来自天才的灵感和长期有素的训练，这又有赖于创作主体所处的环境。在“一带一路”倡议下，能够为主体提供良好的政策环境、制度环境、社会环境乃至文化环境，有利于创新创意的迸发。

（二）提升文化产业科技融合度

在信息化时代，科学技术与文化之间的结合日益紧密，如果说作品创意是文化产业发展的源头，那么科技则是文化产业发展的生长动力。随着科技的发展和进步，各类以技术为基础的新业态快速生成，特别是移动互联网、大数据等具有划时代意义技术的普遍应用，导致诸多革命性变化，在产品形式、传播方式、经营模式等方面与互联网的结合越发紧密，注重线上与线下的联动。以当下流行的某对战竞技游戏为例，该产品在发布时仅为一款手机游戏，由于其优秀的创意设计，迅速风靡并获得巨大利润并形成良好的品牌效应，游戏运营公司随即以之为基础，推出该游戏的职业电子竞技系列比赛，并成为国内最火爆的赛事之一；授权合作的动画公司制作游戏内人物的动漫作品，在互联网视频平台创造单集数亿次播放量的业绩；授权知名电子产品、服装、文具等生活学习用品生产商推出特色联名产品，一经推出即被抢购一空。同时，该游戏运营商作为大型网络技术与文化公司，还掌握了大量网络社交、娱乐、资讯平台，为游戏提供全方位的新媒体传播宣传渠道。目前，在该游戏IP已推出海外版，在欧美、东南亚、日本市场同样获得不亚于国内市场的巨大成功。作为文化产业“走出去”的成功典型，该产品高度体现了科技与文化融合的强大力量。但遗憾的是，与其类似的成功案例并不多见，中国文化产业要“走出去”，仍需要继续探索科技与文化融合的新模式。

（三）加强针对性的产品开发

人类的生产与生活实践在世界上创造出形形色色、丰富多彩的文化，不同的文化背景又孕育出不同个性的人，因此他们对于文化产品的需要更是各不相同，要满足人们五花八门的文化需要，绝不是一件容易的事。作为预期增长潜力巨大的领域，文化产业虽然市场广阔、前景光明，但若不能让文化产品的供给与消费需求相匹配，在激烈的市场竞争中也难以生存。如前所述，目前中国文化产业产品同质化现象颇为普遍，缺乏对消费群体进行分类调查分析后的有针对性产品的开发，影响了市场竞争力。在“一带一路”倡议下，中国文化产业要“走出去”，必须高度重视目标地的市场调查和消费者分析。沿线国家文化背景差异巨大，要打开其市场，文化产品除了要避免触犯文化忌讳，还必须了解乃至融入当地文化，弄清消费者的兴趣点，开发出具有针对性的文化产品，方能事半功倍。同样以前述某游戏产品为例，其在推出海外版时，每投放一个国家，均根据其文化背景、审美倾向、用户偏好等因素对产品内容进行了特别修改定制，因此轻而易举地打开并迅速占领了当地市场。除文化产品内容上的针对性以外，还应根据沿线各国的具体国情投入不同产品。例如，在人民群众消费能力较低、消费意愿不强、国家基础设施薄弱的发展中或欠发达国家与在人民群众对于文化消费极其热衷的发达国家，显然应当有针对性地投入不同产品，采取不同的经营、销售、传播模式。

（四）挖掘盘活可转化的文化资源

中华文明在上下五千年的历史长河中创造出多姿多彩的文化，中国当之无愧是一个文化大国，但坐拥丰富的文化资源并不等于就能够发展好文化产业，能否实现文化资源的有效利用开发，使其创造性地转化为文化产品才是关键。为此，必须同时抓住“深挖”与

“盘活”两个要点。“深挖”是指要不断去发现中国传统文化当中具有开发可能性和开发价值的资源；“盘活”是指要把已经发现的文化资源通过创意设计转化为文化产品，此二者缺一不可。就前者而言，中国的传统文化极为丰富，已经被转化为文化产品的仅仅是冰山一角，还有大量的“处女地”等待探索。就后者而言，由于文化资源具有非独占性的特征，任何人都可以对其进行开发利用，若只注重挖掘发现文化资源而忽视及时有效的开发，则可能导致资源流失。例如，“花木兰”这一中国传说故事被迪士尼公司进行了充分开发，其文化资源来自中国，但文化产品的收益却落入善于利用资源的他人之手。当然，在“一带一路”倡议下，挖掘与盘活的对象就不仅仅局限于中华文化内部，沿线各国的文化资源同样值得关注，就如被迪士尼公司开发的“花木兰”在中国取得的成功一样，挖掘开发沿线各国本土文化，再反向输入其国内，可能会更成功。

（五）借鉴国内外文化产业发展经验

虽然成功往往难以复制，但成功的经验总是值得借鉴。一方面，一些文化产业发达的国家经过长时间的发展，拥有丰富的经验，必须认真学习借鉴；另一方面，中国文化产业虽正在成长，但也有了不少值得参考之处。当前关于国外文化产业发展经验的专门研究已经不少，主要包括两大方面：一是政府在文化产业发展中发挥的作用；二是从事文化产业的企业的具体策略。在政府方面的经验主要有：第一，应当高度重视文化产业对国民经济整体的重要意义，并将之列入发展战略规划；第二，应当出台能够引导和扶持文化产业发展的相关政策，给予应有的倾斜；第三，应当建立完善的制度保障，特别是知识产权保障体系；第四，应当为从事文化产业的企事业单位打造良好环境，如建立产业聚集区，搭建有效的政企、校企沟通平台，提供产业链各环节的协调服务等。在企业方面可借鉴的经验则相对细微复杂，成功的企业大多有其独有的经营模式，涉及资源挖掘、创意设计、产品开发、传播营销等诸多方面。但万变不离其宗，即优秀的创意设计是必不可少的环节。一方面，优秀的创意设计能够将既有的文化资源有效转化为受消费者认可的产品。其典型案例是近年来广受欢迎的故宫文创产品，故宫博物院通过对自身拥有的文化资源，诸如建筑、文物、历史故事等进行创意设计，推出产品数千种，仅在2016年就为故宫带来近10亿元收益。另一方面，即使在没有文化资源时，优秀的创意设计也能直接创造出文化产品。其典型案例是日本熊本熊相关文创产品，熊本熊原本只是日本熊本县政府设计的旅游宣传吉祥物，并无特别的文化背景资源支撑，但其呆萌的形象出人意料地广受欢迎，熊本县迅速以其为核心IP，建立了一系列独特的授权运营方式，使熊本熊走向了世界。

总之，中国文化产业要走出去，在世界文化产业市场的激烈竞争中取得一席之地，还有较长的路要走。“一带一路”倡议给中国文化产业外向发展提供了机会，把握住这些机会，方能够让中国在文化强国的道路上更进一步。

参考文献

［1］习近平：“在纪念孔子诞辰2565周年国际学术研讨会暨国际儒学联合会第五届会员大会开幕会上的讲话”，《人民日报》2014年9月25日，第2版。

［2］习近平：“在文艺工作座谈会上的讲话”，《人民日报》2015年

10月15日，第2版。

[3]“文化及相关产业分类（2018）”，国家统计局，2018年4月2日，http：//www. stats. gov. cn/tjgz/tzgb/201804/t20180423_1595390. html。

[4]“文化事业繁荣兴盛　文化产业快速发展——新中国成立70周年经济社会发展成就系列报告之八”，国家统计局，2019年7月25日，http：//www. stats. gov. cn/tjsj. /zxfb/201907/t20190724_1681393. html。

[5]习近平：“在‘一带一路’国际合作高峰论坛开幕式上的演讲”，《人民日报》2017年5月15日，第3版。

[6]习近平：“深化文明交流互鉴　共建亚洲命运共同体——在亚洲文明对话大会开幕式上的主旨演讲”，《人民日报》2019年5月16日，第2版。

[7]“2017年我国文化及相关产业增加值占GDP比重为4.2%”，国家统计局，2018年10月10日，http：//www. stats. gov. cn/tjsj/zxfb/201810/t20181010_1626867. html。

[8]“世界主要经济体文化产业发展状况及特点”，国家统计局，2014年12月8日，http：//www. stats. gov. cn/tjzs/tjsj/tjcb/dysj/201412/t20141209_649990. html。

[9]“习近平在河南考察时强调：深化改革发挥优势创新思路统筹兼顾　确保经济持续健康发展社会和谐稳定”，《人民日报》2014年5月11日，第1版。

[10]李孝敏：“‘一带一路’背景下我国文化产业拓展探析”，《求实》2016年第7期。

[11]公丕明：“‘一带一路’建设中文化产业国际化发展研究”，《学术探索》2018年第7期。

[12]成都市社会科学院编著：《成都市文化创意产业发展报告

(2018)》，社会科学文献出版社 2019 年版。

[13] 吴石磊："中国文化产业发展对居民消费的影响研究"，东北师范大学博士学位论文，2014 年。

中华文化海外传播的机遇与挑战

郭继红*

古代丝绸之路曾经在各国文化交流中发挥了积极作用，而"一带一路"倡议的提出既是对古代丝绸之路的传承和延续，也是对它的发展和超越。"一带一路"倡议是对我国对外开放的开创性发展，在推进过程中，伴随着沿线各国的合作和经贸往来越来越密切，文化交流也日益丰富。"一带一路"倡议为我国文化的海外传播带来不可多得的机遇，但当今世界处于百年未有之大变局，中华文化传播面临严峻挑战。面对挑战，我们要抓住机遇，积极推动沿线国家的文化交流，增进各国互谅互惠，促进各国共同发展、互利共赢。

* 郭继红，硕士，成都中医药大学马克思主义学院教师，主要从事思想政治教育研究。

一、中华文化海外传播面临的挑战

（一）各国多重视经济发展，忽视文化交流

自“一带一路”倡议提出以来，我国不断推进与沿线各国的全方位务实合作，希望通过与沿线国家的开放合作、互学互鉴、互利共赢，共同推进政治互信、经济融合、文化融通，打造“一带一路”命运共同体。然而，由于“一带一路”倡议地域跨度大，覆盖了亚、欧、非三大洲，涉及60多个国家，各国文化不同，价值理念也各不相同，在认知上存在一定的差异，特别是一些国家的媒体对“一带一路”的认识偏重于经济合作，过多地进行经济方面的报道，这极易造成当地民众对“一带一路”倡议的误读，他们会认为“一带一路”倡议主要就是推动政治经济发展，与文化无关。“2016年11月4日，美国有线电视新闻网在报道中援引民调机构非洲晴雨表最新公布的调查结果显示：‘钱是中非交流的语言’”。[①] 可见，在认知偏差的引导下，中国能否给非洲带来经济效益才是最重要的，而文化的交流是不被重视的。除此之外，其他国家也可能有类似的认知偏差。

（二）各种舆论带来的误解

第一，“中国威胁论”。进入21世纪以来，世界格局与国际形势发生了深刻的变化，经济全球化使世界各国联系越来越紧密，各国

① 甄巍然、刘洪亮：“‘民心相通’：基于文化交往的共同体图景——‘一带一路’中文化认同的困境与破解”，《出版发行研究》2018年第3期，第8页。

在交流中互利共赢、共谋发展。中国一直致力于世界的和平发展，一直坚持独立自主的和平外交政策，希望与世界各国相互促进、共同发展，“一带一路”倡议就是顺应经济全球化的潮流，为深度推进国际合作，共创人类美好未来而提出的。然而，随着中国的迅速发展和“一带一路”倡议的不断推进，一股新的“中国威胁论”的论调——“一带一路威胁论”浮现出来。

第二，沿线国家的疑惑。“一带一路”倡议提出以来，沿线一些国家对此存在疑惑，参与意愿不高。有的国家想当然地认为中国通过“一带一路”进行中华文化的传播，目的就是要在对外经济援助中传播具有社会主义意识形态的价值观。他们臆断这就是新的“马歇尔计划”，担心自身的文化安全会遭到威胁。有的国家则充满了矛盾的心理：一方面，他们期待中国能扩大开放，希望加强与中国的经贸合作和文化交流，这样可以从中国获得更多资金和技术的支持，推动本国经济实现质的提升；另一方面，随着经济的快速发展，中国已成为世界第二大经济体，他们又担心和中国的密切合作会使本国发展过度依赖中国，导致其在其他方面可能不得不对中国妥协。

第三，大国给沿线国家带来的潜在影响。美国、俄罗斯等大国在“一带一路”倡议沿线国家中有着深广的影响力，因此沿线一些中小国家在与中国合作交流中不得不考虑其他大国的态度。一些国家认为“一带一路”倡议与美国在沿线国家的利益有冲突，导致他们陷入两难境地。一方面，他们想与中国开展广泛的国际合作，不想失掉“一带一路”倡议建设的发展机遇；另一方面，他们又不想损害美国利益，担心给本国发展带来不良影响。

（三）区域民族文化差异

“一带一路”倡议沿线国家分属亚、欧、非不同的大洲，所处地域不同，在文化传统、风俗习惯、语言文字等方面各不相同，有不同的民族和宗教信仰。可以说，不同的历史文化传统和地理环境造就了各国各具特色的文化，文化的多样性和差异性比较明显，而具有的共性文化特点相对较弱。

各国的文化发展水平也存在较大差异，带来了文化交流的问题和挑战。比如，中东地区是“一带一路”重要节点地区，中国与中东国家间存在巨大利益互动关系，中东地区在中国特色大国外交中具有重要地位。然而，无论是在宗教信仰方面，还是文化传统方面，又或是社会制度方面，中国和中东地区国家都存在极大的差异。在中东地区，大多数国家信仰伊斯兰教，少数国家信仰基督教、犹太教和其他宗教，无论是在国家政治经济发展还是文化传统上都有浓厚的宗教色彩，教派之间的矛盾分歧遍布社会发展的各个领域，特别是教派纷争往往和政治斗争掺杂交织。中东地区也是民族矛盾十分尖锐的地区，特别是区域内阿拉伯民族与波斯民族、犹太民族的矛盾最为尖锐。历史发展进程中，民族间的利益争夺和矛盾冲突一直延续至今，导致今天中东地区各种争端时有发生。同时，我国对中东历史文化研究不足，与中东地区缺乏交流，双方的互不了解更加深了彼此的不认同，从而影响了文化的传播与交流。

二、中华文化海外传播的机遇

（一）“一带一路”倡议提供了广阔的平台

“一带一路”倡议沿线国家文化多元、发展多样，面对经济全球化的潮流，“一带一路”倡议恰恰为多样化的文化搭建了沟通的桥梁。对我国而言，推进“一带一路”倡议更多是希望加强与沿线国家的文化交流和沟通，希望促进沿线国家的共同繁荣和发展，并不只是为了开创我国对外开放的新局面。在全球合作共赢的背景下，中华文化对外传播被放到极为重要的位置。自古以来，丝绸之路在承担着商品贸易往来的使命的同时，也担负着文化传播的历史重任。“一带一路”倡议更是为亚欧非之间的交流与合作发挥了桥梁作用，为沿线国家的深入交往带来了更多的便利与机会。为中华文化的传播和中国的对外交流发展提供了前所未有的历史机遇。改革开放 40 多年来，中国致力于不断扩大对外开放，积极倡导中华文化“走出去”。截至 2020 年底，中国在全球设有 45 家海外中国文化中心，①初步形成覆盖世界主要国家和地区的政府间文化交流与合作网络。如今，“一带一路”倡议为不同国家、民族、宗教间的文化交流和相互理解创造了有利条件。各国为了更好地传承和发展好民族独特文化，纷纷参与“一带一路”倡议，通过经贸合作带动文化交流，积极吸取其他民族文化中的优秀成果。同样，我们更应该大力发展中华文化，加强中华文化对外传播，使中华文化为更多国家和地区所了解和认同，以便更好地融入世界文化体系中。

（二）孔子学院成为文化传播的重要载体

中共中央办公厅、国务院办公厅印发的《关于实施中华优秀传统文化传承发展工程的意见》明确提出，要充分运用孔子学院助推中华优秀传统文化的国际传播，推动中外文化交流互鉴。2004 年，

---

① 《中华人民共和国文化和旅游部 2020 年文化发展统计公报》，中华人民共和国文化和旅游部，2020 年 7 月 5 日，http：//www.gov.cn/xinwen/2021 – 07105/content_5622568.htm。

中国在韩国开办首个孔子学院。截至 2018 年底，共有 154 个国家（地区）建立了 548 所孔子学院、1193 个孔子课堂和 5665 个教学点。孔子学院各类面授学员达 186 万人，网络注册学员达 81 万人。① 自"一带一路"倡议提出以来，沿线国家孔子学院在传播汉语、弘扬中华文化、推动民间交往等方面发挥了重要作用，已成为推动"一带一路"建设和传播中华文化的重要载体。自建立以来，各国孔子学院不断加强与各国的文化交流与合作，希望满足各国民众学习汉语的需要，帮助他们在学习汉语中更深入地了解中华文化。为传播中华文化，孔子学院每年都会结合中国的传统节日，开展丰富多彩的各类活动，同时协调国内各类文化文艺团组赴各国开展文化艺术交流活动。当前，沿线国家孔子学院利用自身优势，因地制宜，已形成各具特色的办学模式。

（三）经济贸易不断发展带来的推动作用

"一带一路"倡议提出以来，沿线国家相关合作计划稳步推进，经贸领域合作不断发展，各个国家通过共商、共建、共享，获得共同发展和进步。中国与"一带一路"沿线国家货物贸易从 2013 年的 1.04 万亿美元增加到 2020 年的 1.35 万亿美元，占中国货物贸易总额的比重由 25% 升至 29.1%。② 随着各国经贸关系的发展，经济的作用更为凸显，文化目标往往被忽视。然而，文化的交流对经贸的发展与合作常常是能发挥积极的促进和推动作用的。各国通过文化交流，实现

① 吴晓颖："世界各地已有 548 所孔子学院"，新华网，2018 年 12 月 5 日，http://www.xinhuanet.com//world/2018-12/05/c_1210009045.htm。

② 王俊岭："中国与一带一路沿线国家货物贸易额超 6 万亿美元"，人民网，2019 年 04 月 19 日，http://paper.people.com.cn/rmrbhwb/html/2019-04/19/content_1920556.htm。

习近平：《习近平谈治国理论》，外文出版社 2014 年版，第 258 页。

互相尊重和信任，才有助于“一带一路”倡议的深入发展。所以，随着货物贸易不断地发展，我们越来越重视文化贸易的发展。2018 年，文化和旅游部组织开展了文化和旅游部“一带一路”文化贸易与投资重点项目评审，最终确定了 40 个项目为文化和旅游部“一带一路”文化贸易与投资重点项目。中国对外文化贸易获得积极发展。

三、中华文化海外传播策略

当今世界，全球化的不断发展正改变着各个国家和民族的生活和发展方式。各国文化受全球化冲击，既不断获得传承与发展，又在各国文化交流互鉴中不断获得创新。“一带一路”倡议是中华文化得以传播的重要历史机遇，面对沿线各国不同文化，我国应积极发挥主动性，推动中华文化在沿线国家的传播，和平友好地加强与各国在文化方面的交流与合作，实现各国互联互通。

（一）尊重差异，促进文化融通

习近平主席指出：“文明因交流而多彩，文明因互鉴而丰富。文明的交流和互鉴是推动人类文明进步和世界和平发展的重要动力。”[①] “一带一路”倡议涉及不同文明，各国文明都有自己的独特价值。在交流时，我们要“求同存异”，尊重各国不同文化的差异和各国文化特色；要树立平等意识，正确看待不同国家的文化发展。著名社会学家费孝通曾说过不同文化要“各美其美，美人之美，美美与共，天下大同”，我

① 习近平：《习近平谈治国理政》，外文出版社 2014 年版，第 258 页。

们在面对不同文化时，不仅要承认各国文化的不同，还要相互借鉴和学习，达成世界多元文化的相互融通。只有这样，不同文化间才能实现友好对话，文化交流和传播才能畅通，各国才能达成共识，才会相互理解和认同，实现共同进步和发展的目标。

（二）坚定文化自信，增强对外传播信心

中华文化是中华民族几千年文明传承和发展的积淀，代表着中华民族最深层的精神追求。我们要正确认识和看待中华文化，才能有效实现中华文化的广泛传播。一方面，我们要树立文化自信，克服文化自卑的心理。文化自信是对自身文化所拥有价值的高度认同和肯定，是一种最基础、最广泛和最深厚的自信。在推进“一带一路”倡议过程中，只有坚定文化自信，对中华文化充满信心，勇担文化发展责任，才能推动中华文化的繁荣兴盛，才能避免文化自卑带来的不良影响。另一方面，我们要坚定文化自信，不断增强国家文化软实力。历史的经验表明，文化的进步必须依靠物质力量的发展。国家文化软实力的增强有赖于国家经济的长足发展和国家综合国力的提升。只有这样，中国才能在文化交流中有坚强后盾的支持，才能在交流中发挥重要作用。中国是一个拥有丰富文化资源的大国，我们要不断挖掘中华优秀传统文化的重要成果，并不断创新发展，推动中华文化走在世界前列。

（三）加强民间交流，获得民众支持

在“一带一路”倡议中，习近平主席多次强调民意的重要性。例

如，“民心交融要绵绵用力，久久为功”[1]；“国之交在于民相亲，民相亲在于心相通”[2]；“民心相通是‘一带一路’倡议的重要内容，也是‘一带一路’倡议的人文基础”[3] 等。“一带一路”倡议主要是国家与国家之间的交流合作，但究其根本都是为了国家发展和人民幸福。“一带一路”倡议建设能否有所成效，离不开沿线国家民众对“一带一路”倡议的认知程度和接纳程度。中华文化的对外传播要贴近沿线国家民众，用当地民众熟悉的话语和方式进行交流。让各国民众了解“一带一路”倡议可以带来的实惠，看到“一带一路”倡议发展的成效，才会有更多的民众愿意参与到“一带一路”倡议建设中来。中华文化才有可能在沿线国家获得传播的条件。一方面，在推动文化在民间传播时，我们应该给予各国民众积极的引导。可以多邀请各国民众和各界人士来中国参观访问，通过讲好“中国故事”，增加外国友人对中华文化的理解。另一方面，沿线各国的华人华侨是我们走出去讲好“中国故事”可以依靠的力量。华人华侨长期在国外生活和工作，对各国文化风俗有着深入的了解。他们能走近当地民众，向当地民众传播中华文化。特别是一些华人华侨在经济、文化、教育、科技等领域发挥着重要作用，有着广泛的影响力，通过这些华人华侨来促进对外文化传播，往往能够达到事半功倍的效果。

---

① 习近平：“习近平在阿拉伯国家联盟总部的演讲”，新华网，2016 年 1 月 22 日，http：//news. xinhuanet. com/world/2016 －01/22/c_1117855467. htm。

② 习近平：“习近平出席“一带一路”高峰论坛开幕式并发表主旨演讲”，中国政府网，2017 年 5 月 14 日，http：//www. gov. cn/xinwen/2017 －05/14/content_5193673. htm#1。

③ “习近平主持中共中央政治局第三十一次集体学习”，新华网，2016 年 4 月 30 日，http：//www. xinhuanet. com//politics/2016 －04/30/c_1118778656. htm。

（四）培养高素质人才，提高传播实效

中国历来十分重视人才，在革命、建设和改革的各个时期，我们都制定了一系列关于人才的方针政策，为中国的持续发展奠定了坚实的基础。“一带一路”倡议涉及区域广泛，在文化传播过程中，更是需要一批对沿线区域和各国文化风俗有深度研究的高层次人才，如此才能更好地促进中国与沿线国家的文化交流和文化融通。

特别是随着信息化时代的到来，面对“一带一路”沿线存在的各种复杂矛盾与冲突，中华文化的传播面临着诸多挑战。要想在“一带一路”沿线传播中华文化，一方面，我们需要培养通晓“一带一路”倡议沿线国家语言文字的人才。我们可以在国内大学中设立相关语言专业，招收学生来系统学习相关国家语言，也可以通过政府间合作、地方间合作、学校间合作等方式派遣人员或学生到沿线国家进修或学习。有了充足的高质量的语言人才，中华文化才能实现无障碍的有效传播，中华文化的精神才能在传播中真正得到发扬。另一方面，我们需要培养通晓中西方文化和国际区域合作的研究型人才。中华文化的对外传播要实现民心相通，就需要专门的研究人员对沿线国家文化和区域发展有深入研究，这样我们才能在尊重和学习各国文化的基础上实现中华文化的对外传播和创新发展。

（五）改进传播方式，增强传播吸引力

一方面，传播方式需要不断改进。体验传播可以成为传播中华文化的有效途径。在“一带一路”沿线国家，我们可以设立中华文化体验中心，也可以依托各国孔子学院设立体验中心。中华文化体

验中心可以设计中华文化的解说、参与、互动等项目，通过这些直观的体验式的方式帮助各国民众和学生对中华文化有切实的了解，增强他们对中华文化的认同感。所以，要使沿线国家民众对中华文化有更深的了解，对中华文化价值有正确的认同，利用这种亲身体验的方式让各国民众参与特定的情景是最为重要的。

另一方面，利用新媒体、新平台，扩大传播覆盖面和影响力。在网络信息技术迅速发展的时代，越来越多的人通过网络获取丰富的信息。人们在网络上学习、交流、娱乐等，网络便捷迅速的传播速度让人们可以实现实时沟通和联系。利用新媒体传播中华文化，可以打破时空的限制，让更多受众了解中华文化。通过网络丰富的传播形式可以吸引更多海外受众，扩大中华文化传播的覆盖面。

参考文献

[1] 郎琦、张金辉："以中华文化海外传播助推更多中国产品出口"，《云南社会科学》2020 年第 1 期。

[2] 习近平："文明交流互鉴是推动人类文明进步和世界和平发展的重要动力"，中国政府网，2019 年 5 月 1 日，http：//www.xinhuanet.com/politics/2019－05/01/c_1124441319.htm。

[3] 何明霞："'一带一路'背景下跨文化传播的再思考"，《黑龙江科学》2018 年第 11 期。

[4] 万秀丽、张欣欣："'一带一路'倡议下中华优秀传统文化'走出去'面临的挑战与对策"，《山东行政学院学报》2018 年第 2 期。

[5] 陈玲："'一带一路'背景下中国传统文化对外交流途径研究"，《长春师范大学学报》2018 年第 37 期。

[6] 赵书昭:"'一带一路'倡议的文化内涵及其面临的文化挑战",《探索》2017年第5期。

[7] 刘雪琳:"新媒体背景下'一带一路'沿线文化传播模式研究",《新媒体究》2017年第2期。

[8] 田晖、孟彩霞:"'一带一路'背景下中国与中东地区文化传播:机遇、挑战与策略",《财务与金融》2017年第6期。

[9] 李宝贵、刘家宁:"'一带一路'战略背景下孔子学院跨文化传播面临的机遇与挑战",《新疆师范大学学报(哲学社会科学版)》2017年第38期。

[10] 习近平:《习近平谈文化自信》,《人民日报(海外版)》2016年7月。

[11] 费孝通:《文化与文化自觉》,群言出版社2012年版。

中医药发展助力丝绸之路交流合作[*]

苏森森[**]

中华民族之所以能够繁衍兴盛、绵延不绝，创造出历史悠久、博大精深的中华文明，离不开中医药的巨大贡献。作为中国人民长期以来与疾病做斗争的经验总结和智慧结晶，中医药不但守护着无数炎黄子孙的生命健康，而且构成中华文明的重要组成部分，更是世界文化遗产的一颗璀璨明珠。2010 年 6 月 20 日，时任国家副主席的习近平在出席澳大利亚皇家墨尔本理工大学中医孔子学院的授牌仪式上指出："中医药学凝聚着深邃的哲学智慧和中华民族几千年的健康养生理念及其实践经验，是中国古代科学的瑰宝，也是打开中华文明宝库的钥匙。深入研究和科学总结中医药学对丰富世界医学事业、推进生命科学研究具有积极意义。"①

---

* 本文系 2020 年度四川省高校人文社会科学重点研究基地、四川中医药文化协同发展中心项目：习近平关于中医药文化思想内涵阐释研究（2020WHO76）的阶段性成果。

** 苏森森，博士，讲师，成都中医药大学马克思主义学院，主要从事中国哲学与思想政治教育研究。

① 张岩："习近平谈中医药"，中国日报网，2016 年 12 月 8 日，http://news.cri.cn/uc-eco/20161208/9173ac40-9537-5632-e535-3092b94bb0cb.html。

2013年9月和10月，习近平主席分别提出建设“新丝绸之路经济带”和“21世纪海上丝绸之路”的合作倡议，致力于亚欧非大陆及附近海洋的互联互通，建立和加强沿线各国互联互通伙伴关系，构建全方位、多层次、复合型的互联互通网络，实现沿线各国多元、自主、平衡、可持续的发展。“一带一路”倡议将推动沿线各国发展战略的对接与耦合，发掘区域内市场的潜力，促进投资和消费，创造需求和就业，增进沿线各国人民的人文交流与文明互鉴，让各国人民相逢相知、互信互敬，共享和谐、安宁、富裕的生活。经过多年的合作共建，“一带一路”已经完成从倡议到共识，从总体布局到走深走实，从“大写意”到“工笔画”的阶段性转变，成为世界经济有力的助推器，成为各国文化、文明交流互鉴的桥梁和纽带。2014年3月27日，习近平主席在联合国教科文组织总部发表演讲时强调：“文明因交流而多彩，文明因互鉴而丰富。文明交流互鉴，是推动人类文明进步和世界和平发展的重要动力。”[①] 2015年9月28日，国家主席习近平在纽约联合国总部出席第七十届联合国大会一般性辩论时发表重要讲话指出：“当今世界，各国相互依存、休戚与共。我们要继承和弘扬联合国宪章的宗旨和原则，构建以合作共赢为核心的新型国际关系，打造人类命运共同体。”[②] 这些重要的外交思想和外交理念是新时代中国特色大国外交的根本遵循和行动指南。“中医药作为我国独特的卫生资源、潜力巨大的经济资源、具有原创优势的科技资源、优秀的文化资源和重要的生态资源”，[③] 不仅在国

---

① 习近平：《习近平谈治国理政》，外文出版社2014年版，第258页。

② 习近平：《习近平谈治国理政（第二卷）》，外文出版社2017年版，第522页。

③ “国务院关于印发中医药发展战略规划纲要（2016—2030年）的通知”，国家中医药管理局官网，2017年1月4日，http：//fjs. satcm. gov. cn/zhengcewenjian/2018 - 03 - 24/2484. htm。

内经济社会发展中发挥着重要作用，而且积极参与“一带一路”国际交流合作和文化传播，为世界人民带来健康福音，为经济发展增添新的动力，更为民心相亲搭建了良好平台。

一、中医药成为守护人类健康的重要力量

健康是人类生存和发展的最基本条件，也是人类永恒的期盼和追求，正如世界卫生组织总干事谭德塞博士所言：“健康是一项人权。不应再有人由于贫困或无法获得所需服务而生病或死亡。”[①] 在过去几十年里，全球卫生健康水平得到了前所未有的提升，“世界许多地区人民预期寿命增加，2016 年五岁以下儿童死亡人数比 1990 年减少 600 万人，脊灰即将被消灭，目前共有 2100 万艾滋病毒感染者正接受治疗。随着经济发展和社会发展，千百万人摆脱了极端贫困，许多国家增强了能力，能够为全球议程做出贡献”。[②] 但是在看到这些骄人成绩的同时，我们也不得不承认，世界卫生体系仍然存在不少问题，各地人民的健康和福祉依旧面临各种各样的威胁。“人们仍深受传染病影响，与此同时，非传染性疾病负担日益沉重。需要采取果断行动处理妊娠和分娩并发症、精神健康障碍、物质滥用以及损伤等问题。全球仍有一半以上人口在获得卫生服务时遇到经济困难。世界目前面临严重突发卫生事件（流行病、大流行病、冲突、自然灾害和技术灾难）以及新出现的抗微生物药物耐药性问题的威

---

① “《2019—2023 年第十三个工作总规划》草案”，世界卫生组织官网，2018 年4 月5 日，http：//apps. who. int/gb/ebwha/pdf_files/WHA71/A71_4 – ch. pdf。

② “《2019—2023 年第十三个工作总规划》草案”，世界卫生组织官网，2018 年4 月5 日，http：//apps. who. int/gb/ebwha/pdf_files/WHA71/A71_4 – ch. pdf。

胁。超过2.44亿人（占世界人口3%以上）离开原籍国，其中6500万人被迫逃离本国。全球共有2100多万难民，300万寻求庇护者，估计有4000多万人在本国流离失所。其中许多健康危害源自社会、政治、经济和两性不平等现象以及其他因素。”① 如何解决这些迫在眉睫的问题与危机，是摆在国际组织和各国政府面前的共同议题。世卫组织之所以将《第十三个工作总规划》的使命确定为“增进健康，维护世界安全，为弱势人群服务”，② 显然是有鉴于世界医疗卫生资源分布严重不均衡这一根本性问题，试图着重提升发展中国家和弱势人群的医疗卫生条件。“一带一路”沿线分布着大量的发展中国家，它们的整体卫生健康状况令人担忧。

2013年8月20日，习近平主席在会见世界卫生组织前总干事陈冯富珍时指出，“中方重视世界卫生组织的重要作用，愿继续加强双方合作，促进中西医结合及中医药在海外发展，推动更多中国生产的医药产品进入国际市场，共同帮助非洲国家开展疾病防治和卫生体系建设，为促进全球卫生事业、实现联合国千年发展目标做出更大贡献”。③ 联合国千年发展目标是联合国全体191个成员国一致通过的一项旨在将全球贫困水平在2015年之前降低一半（以1990年的水平为标准）的行动计划，其中与卫生事业相关的内容包括：降低儿童死亡率，5岁以下儿童的死亡率降低2/3；改善产妇保健，产妇死亡率降低3/4，到2015年实现普遍享有生殖保健；遏止并开始

① “《2019—2023年第十三个工作总规划》草案”，世界卫生组织官网，2018年4月5日，http://apps.who.int/gb/ebwha/pdf_files/WHA71/A71_4-ch.pdf。

② “《2019—2023年第十三个工作总规划》草案”，世界卫生组织官网，2018年4月5日，http://apps.who.int/gb/ebwha/pdf_files/WHA71/A71_4-ch.pdf。

③ “如何实现全民健康习近平这样说”，人民网，2016年8月27日，http://politics.people.com.cn/n1/2016/0827/c1001-28670481.html。

扭转艾滋病毒/艾滋病的蔓延，到2010年向所有需要者普遍提供艾滋病毒/艾滋病治疗，遏止并开始扭转疟疾和其他主要疾病的发病率增长。

要完成这一目标，仅仅依靠各国现有的医疗卫生条件和西方主流医学，显然是不可能的。中医药具有“简便验廉”的传统优势，习近平总书记在考察西安市雁塔区电子城街道二〇五所社区中医馆时说：“开设中医科、中药房很全面，现在发展中医药，很多患者喜欢看中医，因为副作用小，疗效好，中草药价格相对便宜。像我自己也喜欢看中医。”① 中医药之所以深受人民群众的欢迎，一是因为副作用小，疗效好。二是因为中草药价格相对便宜。“简便验廉”是中医药的传统特色。简，是指诊断简易，中医诊断主要通过望、闻、问、切等方法收集病患资料，不依赖于各种复杂的仪器设备；便，是指治疗、用药方便，往往就地取材，易于推广使用；验，是指治疗效果灵验，中医药流传数千年，积累了大量行之有效的治疗方法；廉，是指治疗费用相对廉价，可以切实减轻患者经济负担。新时代背景下，着力凸显“简便验廉”的中医药特色，依然是解决人民群众看病难、看病贵的最好办法，是推动健康中国建设的有力抓手。

中医药不仅能帮助中国自身顺利完成联合国千年发展目标，而且在世界范围内对降低儿童死亡率，改善产妇保健，与艾滋病毒/艾滋病、疟疾和其他疾病作斗争，都做出了巨大贡献。截至2016年底，中国已向亚洲、非洲、拉丁美洲的70多个国家派遣了医疗队，基本上每个医疗队中都有中医药人员，约占医务人员总数的10%。中国政府在海外支持建立了10个中医药中心，在非洲国家启动建设

---

① 张岩：“习近平谈中医药”，中国日报网，2016年12月8日，http://news.cri.cn/uc-eco/20161208/9173ac40-9537-5632-e535-3092b94bb0cb.html。

中国中医中心，在科威特、阿尔及利亚、突尼斯、摩洛哥、马耳他、纳米比亚等国家还设有专门的中医医疗队（点）。近年来，中国加强在发展中国家特别是非洲国家开展艾滋病、疟疾等疾病防治，先后派出中医技术人员400余名，分赴坦桑尼亚、科摩罗、印度尼西亚等40多个国家。援外医疗队采用中药、针灸、推拿以及中西医结合方法治疗了不少疑难重症，挽救了许多垂危病人的生命，得到受援国政府和人民的充分肯定。①

2015年12月10日，中国女药学家屠呦呦从瑞典国王卡尔十六世·古斯塔夫手中接过诺贝尔奖的奖章和证书，成为中国首位获得诺贝尔生理学或医学奖的科学家。诺贝尔生理学或医学奖评委汉斯·弗斯伯格在致颁奖词时高度评价了屠呦呦的科学贡献，他说，“每年大概有50万人死于疟疾，其中大多数为儿童。在20世纪六七十年代，屠呦呦参与了中国一个开发抗疟药品的重要项目。当屠呦呦阅读古籍时，她发现一种叫青蒿的植物在治疗发烧的配方中多次出现，于是开始在感染疟疾的老鼠身上试验这种青蒿的提取物。试验发现一部分的疟疾寄生虫死亡但整体的试验结果并不一致。因此屠呦呦继续回到古籍中寻找。在一本1700年前的古书中，她发现一种对青蒿低温提取的方法，这样得到的提取物疗效非常显著，可以杀死所有寄生虫。这其中有效的成分随后被确认并被命名为青蒿素。在后来的研究中发现青蒿素能够通过一种独一无二的方式杀死寄生虫。屠呦呦对青蒿素的发现引起对抗疟新药品的研制和发展，这种药品已经挽救了上百万人的性命，将过去15年疟疾的致死率降低了

---

① “《中国的中医药》白皮书”，国务院新闻办公室网，2016年12月6日，http://www.scio.gov.cn/ztk/dtzt/34102/35624/35628/Document/1534714/1534714.htm。

一半”。[①] 在题为《青蒿素是中医药给世界的一份礼物》的获奖演说中，屠呦呦向世界十次提到“中医药”，她指出：“‘中国医药学是一个伟大宝库，应当努力发掘，加以提高。’青蒿素正是从这一宝库中发掘出来的。通过抗疟药青蒿素的研究经历，深感中西医药各有所长，二者有机结合、优势互补，当具有更大的开发潜力和良好的发展前景。大自然给我们提供了大量的植物资源，医药学研究者可以从中开发新药。中医药从神农尝百草开始，在几千年的发展中积累了大量临床经验，对于自然资源的药用价值已经有所整理归纳。通过继承发扬，发掘提高，一定会有所发现，有所创新，从而造福人类。”[②]

2018 年，瑞典皇家科学院宣布将舍贝里奖授予中国科学院院士、上海交通大学医学院附属瑞金医院陈竺教授，表彰他们在“阐明急性早幼粒细胞白血病的分子机理并发展了革命性治疗”方面的贡献。陈竺教授借助东方思维用砒霜“以毒攻毒”，按照方药配伍原则，联合全反式维甲酸和三氧化二砷两药协同靶向致癌蛋白治疗早幼粒细胞白血病，取得显著效果。

正如习近平主席 2013 年 9 月 13 日在上海合作组织成员国元首理事会第十三次会议上所指出的，“传统医学是各方合作的新领域，中方愿意同各成员国合作建设中医医疗机构，充分利用传统医学资源为成员国人民健康服务”。[③] 神奇的中医药正在兑现中国政府“促

---

① 刘仲华：“屠呦呦领取 2015 年诺贝尔生理学或医学奖”，人民网，2015 年 12 月 11 日，http://scitech.people.com.cn/n/2015/1211/c1007-27913150.html。

② 李玫忆、刘仲华：“屠呦呦瑞典演讲向世界十次提到‘中医药’”，人民网，2015 年 12 月 7 日，http://scitech.people.com.cn/n/2015/1208/c1007-27898616.html。

③ 孙光荣：“读懂习总书记讲话中的中医观”，中国中医药网，2018 年 11 月 14 日，http://www.cntcm.com.cn/zhuanti/2018-11/14/content_52652.htm。

进人类健康、改善全球卫生治理”的庄严承诺，为实现人人享有健康的美好愿景而不懈努力。

二、中医药成为推动国际合作的重要项目

习近平主席不但提出“一带一路”的倡议，而且强调创新“五通”合作模式，要求加强政策沟通、道路联通、贸易畅通、资金流通和民心相通，以点带面，从线到片，逐步形成区域大合作格局。贸易畅通和产业合作是“一带一路”建设的重要内容，也是让沿线国家和人民共享实实在在好处的基石。丝绸之路经济带总人口近30亿，市场规模和潜力独一无二，各国在贸易和投资领域合作潜力巨大。多年来，通过政策对接，各方就贸易和产业合作便利化做出适当安排，彼此消除贸易壁垒，降低贸易和投资成本，提高区域经济循环速度和质量，实现互利共赢。据统计，2013—2018年，中国与沿线国家货物贸易进出口总额超过6万亿美元，年均增长率高于同期中国对外贸易增速，占中国货物贸易总额的比重达到27.4%。其中，2018年，中国与沿线国家货物贸易进出口总额达到1.3万亿美元，同比增长16.4%。中国与沿线国家服务贸易由小到大、稳步发展。2017年，中国与沿线国家服务贸易进出口额达977.6亿美元，同比增长18.4%，占中国服务贸易总额的14.1%，比2016年提高1.6个百分点。世界银行研究组分析了共建“一带一路”倡议对71个潜在参与国的贸易影响，发现共建“一带一路”倡议将使参与国之间的贸易往来增加4.1%。除了加强贸易畅通，中国对“一带一路”沿线国家的直接投资也在平稳增长，推动形成普惠发展、共享

发展的产业链、供应链、服务链、价值链，为沿线国家加快发展提供新的动能。2013—2018 年，中国企业对沿线国家直接投资超过 900 亿美元，在沿线国家完成对外承包工程营业额超过 4000 亿美元。2018 年，中国企业对沿线国家实现非金融类直接投资 156 亿美元，同比增长 8.9%，占同期总额的 13.0%；沿线国家对外承包工程完成营业额 893 亿美元，占同期总额的 53.0%。世界银行研究表明，预计沿线国家的外商直接投资总额将增加 4.97%，其中，来自沿线国家内部的外商直接投资增加 4.36%；来自经济合作与发展组织国家的外商直接投资增加 4.63%；来自非沿线国家的外商直接投资增加 5.75%。①

伴随着"一带一路"的贸易畅通和产业合作，中医药迎来了"走出去"的大好时机与广阔空间，前进步伐变得日益沉稳坚定，成为"一带一路"的新亮点。自 2013 年提出"一带一路"倡议以来，中国与沿线国家的卫生健康合作不断深化，建立了 10 个中医药海外中心，建设了 43 个中医药国际合作基地。中国每年为周边国家近 3 万名患者提供优质医疗服务。中国中医药团队先后在柬埔寨、科摩罗、多哥、圣多美和普林西比、巴布亚新几内亚等国家实施快速清除疟疾方案。事实上，中医药自古以来就是丝绸之路的重要组成部分，中医药既走出去（如文献记载荷兰很早就应用中国的针灸防治疾病），也把国外的动植物药（如藏红花、血竭）引进来丰富自己的理论体系。而现在，中医药正在逐渐成为我国独特的外交亮点。仅 2013 年，"一带一路"沿线国家中药类商品进出口总额近 20.8 亿

① 推进"一带一路"建设工作领导小组办公室："授权发布《共建'一带一路'倡议：进展、贡献与展望》（八语种）"，中国一带一路网，2019 年 4 月 22 日，https://www.yidaiyilu.gov.cn/zchj/qwfb/86697.htm。

美元，占我国中药类商品进出口额的50%以上。截至2016年底，国家中医药管理局已经与外国政府、地区组织签订了中医药合作协议86个，这些协议的签署国（地区）绝大多数分布在“一带一路”沿线。

2016年12月，国家中医药管理局联合国家发展和改革委员会，印发了《中医药“一带一路”发展规划》。这一规划旨在贯彻落实《推动共建丝绸之路经济带和21世纪海上丝绸之路的愿景与行动》，加强与“一带一路”沿线国家在中医药（含民族医药）领域的交流与合作，开创中医药全方位对外开放新格局。规划提出，到2020年，中医药“一带一路”全方位合作新格局基本形成，国内政策支撑体系和国际协调机制逐步完善，以周边国家和重点国家为基础，与沿线国家合作建设30个中医药海外中心，颁布20项中医药国际标准，注册100种中药产品，建设50家中医药对外交流合作示范基地。中医药医疗与养生保健的价值被沿线民众广泛认可，更多沿线国家承认中医药的法律地位，中医药与沿线合作实现更大范围、更高水平、更深层次的大开放、大交流、大融合。①

虽然“一带一路”倡议为中医药国际合作与交流带来崭新的历史机遇，但我们也要清醒地认识到，中医药“一带一路”发展还面临着诸多困难和挑战。首先，中医药在“一带一路”沿线各国发展不均衡，各国立法及民众认可程度存在较大差异。总体来说，中医药在东南亚地区得到政府及民众的认可度较高；在中亚、西亚、非洲等地区中医药普遍缺乏立法及管理；而欧洲地区对中医药的管理

① 国家中医药管理局、国家发展和改革委员会：“中医药‘一带一路’发展规划（2016—2020年）”，中国一带一路网，2017年1月18日，https：//www. yidaiyilu. gov. cn/wcm. files/upload/CMSydylgw/201703/201703200329031. pdf。

多以安全性为由，限制性法律法规较多，影响着中医药国际合作的开展。其次，“一带一路”沿线国家尚缺乏统一的中医药相关国际标准及规范。目前，尽管包括“一带一路”沿线国家在内的90多个国家制定了植物药注册标准，但整体而言，主要还是参照西药标准而制定的。实践证明，中医药及传统医药相关产品的质量控制、生产工艺、药理毒理、临床评价和产品注册等标准不能完全仿制现代西药和植物药。具有中医药及传统医药特点、被国家社会普遍认同的标准规范尚未建立，阻碍了中医药的国际交流与合作发展。再次，“一带一路”中医药国际合作面临着诸多法律障碍和贸易壁垒。许多国家在立法认可和规范中医药及其他国家传统医药时，纷纷利用法律法规，对中医药的准入设置各种技术壁垒，使得中医药国际贸易在原有困难的基础上，面临着新的障碍。最后，中医药及传统医学知识产权面临威胁。中国与“一带一路”沿线国家，尤其是东南亚、南亚各国拥有独特的传统医学理论体系、治疗方法及传统医学药品。欧美部分发达国家意识到传统医学天然药物中蕴藏的巨大财富，利用其先进的技术对传统药物进行改头换面，然后再申请知识产权保护，此类“生物海盗”事件频频发生。给拥有原创传统医药知识产权国家造成了巨大的经济损失，也成为阻碍中医药国际合作发展的重要因素。

为此，“一带一路”倡议下的中医药还有很多事情可以做。第一，继续加强与世卫组织等国际组织的交流与合作。从全球发展范围来看，除西太平洋地区外，“一带一路”沿线国家分别位于世卫组织东南亚区域、东地中海区域、欧洲区域及非洲区域，进一步开展同这些区域组织的合作尤为重要。第二，巩固并拓展与“一带一路”沿线各国政府间的中医药合作，开展中医医疗合作、中医教育合作及中医科研领域合作。在推进已签署的各类中医药双边合作协议落实的前提下，可根据丝路沿线各国中医药及传统学特点，优先地开展有针对性的中医药医疗合作、教育合作及科研合作。第三，扩大“一带一路”沿线国家中医药民间合作与交流。目前，广东、广西、云南等地的中医药科研机构分别与泰国、印尼、斯里兰卡、新加坡、马来西亚、阿联酋、法国、奥地利、俄罗斯等国签订了73项中医药合作协议，中医药民间国际合作前景看好。此外，针灸在国际上倍享美誉。通过世界中联与世界针联每年召开的中医药针灸国际学术大会、区域性会议和世界中联专业委员会学术会议，推动“一带一路”沿线国家中医药及传统医药民间学术交流，将进一步促进“一带一路”沿线各国中医药国际合作的全面开展。第四，建立“一带一路”国家传统医学合作机制，重点开展中医药产品和服务贸易。通过“一带一路”沿线各国政府引导与市场运作相结合的方式，协调各国资源和力量，积极扶植和鼓励中医药企业在海外建立研究基地、营销网络，加强中药产品物流国际配送网络建设，举办产品推介会、招商会及展览会，依托商会、协会等中介机构，实施出口代理等手段，扩大中药的货物贸易，拓展国外中药市场，并联合“一带一路”沿线各国建立稀缺濒危传统药资源保护预警系统，实现优势资源互补。第五，联合丝路沿线各国，共同制定并推广中医药与传统医学国际标准，并开展传统医学知识产权保护合作。目前，传统医药知识产权受到侵害是我国与“一带一路”沿线国家，尤其是东南亚、南亚各国所共同面临的严峻问题。中国可进一步倡导“一带一路”框架下沿线各国传统知识产权保护合作，形成传统知识产权联合保护机制。同时，推动传统医药相关标准的联合开发与制定，率先倡导“一带一路”沿线各国制定统一的传统医药标准，建立传统医药国际标准化信息交流渠道，推进传统医药国际认证认可体系建设。引导建立国际社会能够接受和认可，适合中医药特点和各国（地区）具体情况，包括疾病诊断、治疗方法、疗效评价、质量控制等在内的传统医药医疗、保健、教育、研发和生产的国际标准和规范。①

随着时间的推移，加之各方的共同努力，中医药融入国际医学体系的步伐会逐渐加快，中医药“一带一路”交流合作一定会走深走实，行稳致远，中医药健康服务业一定能够释放出巨大的发展潜力，为促进各国经济结构转型、拉动经济增长贡献力量，“一带一路”必将成为和平之路、合作之路、繁荣之路、健康之路。

三、中医药成为增进人文交流的重要桥梁

国之交在于民相亲，民心相通是共建“一带一路”的人文基础，人文交流也是促进民心相通的重要桥梁。2010 年 6 月 20 日，时任国家副主席习近平在出席澳大利亚皇家墨尔本理工大学中医孔子学院授牌仪式时指出：“中医孔子学院把传统和现代中医药科学同汉语教学相融合，必将为澳大利亚民众开启一扇了解中国文化新的窗口，为加强两国人民心灵沟通、增进传统友好搭起一座新的桥梁。”②2014 年 9 月 18 日，习近平主席在印度世界事务委员会上发表演讲，强调“国之交在于民相亲。中国太极和印度瑜伽、中国中医和印度

① 王皓然：“黄振辉：‘一带一路’为中医药国际合作创造了机遇”，中国一带一路网，2017 年 3 月 17 日，https：//www. yidaiyilu. gov. cn/ghsl/gnzjgd/7785. htm。

② 张岩：“习近平谈中医药”，中国日报网，2016 年 12 月 8 日，http：//news. cri. cn/uc－eco/20161208/9173ac40－9537－5632－e535－3092b94bb0cb. html。

阿育吠陀有惊人的相似之处，两国人民数千年来奉行的生活哲理深度相似。这次访问期间，双方制定了中国—印度文化交流计划，目的就是弘扬两国古代人文精神，重现中印两大文明交流互鉴的盛景。”[①] 作为中华优秀传统文化的杰出代表，中医药凝聚着中华民族传统文化的精华，体现了中华文化深邃的哲学智慧和独特的价值追求，是增进国际人文交流的重要内容，有助于促进“一带一路”沿线国家的民心相通。

“十二五”期间，中医药已传播到183个国家和地区，我国与外国政府、地区和国际组织已签订86项中医药合作协议，建设了10个海外中医药中心，并在“一带一路”沿线国家建立了10所中医孔子学院。国际标准化组织（ISO）TC249正式定名为中医药技术委员会，并发布5项国际标准，ISO/TC215发布4项中医药国际技术规范。第67届世界卫生大会通过以我国联合马来西亚等国提出的传统医学决议。以中医药为代表的传统医学首次纳入世界卫生组织国际疾病分类代码（ICD－11）。中医药相继纳入中美战略经济对话框架、中英经济财经对话框架，《中国对非洲政策文件》明确支持“开展中非传统医药交流与合作”。[②] 据世界卫生组织统计，目前103个会员国认可使用针灸，其中29个设立了传统医学的法律法规，18个将针灸纳入医疗保险体系。中药逐步进入国际医药体系，已在俄罗斯、古巴、越南、新加坡和阿联酋等国以药品形式注册。有30多个国家和地区开办了数百所中医药院校，培养本土化中医药人才。

---

① 习近平：“携手追寻民族复兴之梦——在印度世界事务委员会的演讲”，人民网，2014年9月19日，http://paper.people.com.cn/rmrbhwb/html/2014－09/19/content_1479775.htm。

② “中医药发展‘十三五’规划”，国家中医药管理局官网，2016年8月11日，http://gcs.satcm.gov.cn/gongzuodongtai/2018－03－24/2149.html。

总部设在中国的世界针灸学会联合会有53个国家和地区的194个会员团体，世界中医药学会联合会有67个国家和地区的251个会员团体。中医药已成为中国与东盟、欧盟、非洲、中东欧等地区和组织卫生经贸合作的重要内容，成为中国与世界各国开展人文交流、促进东西方文明交流互鉴的重要内容，成为中国与各国共同维护世界和平、增进人类福祉、建设人类命运共同体的重要载体。①

享受更加健康的美好生活，是各国人民的共同梦想。在“一带一路”倡议下，中医药与各国卫生健康合作不断深化，开展了形式多样、领域广泛的公共外交和文化交流，增进了相互理解和认同，为共建“一带一路”奠定了坚实的民意基础。自2017年首届“一带一路”国际合作高峰论坛召开以来，中国与蒙古国、阿富汗等国，世界卫生组织等国际组织，比尔及梅琳达·盖茨基金会等社会组织相继签署了56个推动卫生健康合作的协议。2017年8月，为落实习近平主席提出的“健康丝绸之路”理念，由国家卫生计生委主办的“一带一路”暨健康丝绸之路高级别研讨会在北京召开，来自30多个国家、世界卫生组织和联合国艾滋病规划署等国际组织的20多位部长级官员以及相关政府部门、科研机构、非政府组织、智库和企业的代表参加。会议通过《北京公报》，着力于维护卫生安全、促进卫生发展和加强创新合作，旨在扩大卫生等人文交流，加强社会凝聚力和包容性，推动实现开放、包容和普惠的人类健康命运共同体。2017年9月，欧亚经济论坛·首届“一带一路”中医药发展论坛在西安举行，论坛筹建了“一带一路”中医药国际标准化平台，开拓国际医疗交流空间。同时，纪念李时珍诞辰500周年“一带一路”

① “《中国的中医药》白皮书”，国务院新闻办公室网，2016年12月6日，http://www.scio.gov.cn/ztk/dtzt/34102/35624/35628/Document/1534714/1534714.htm。

启动仪式和“一带一路”中医药文化特色小镇签约仪式也在论坛期间举办。同年11月，中国瑞典2017“一带一路”针灸中医药高峰论坛在斯德哥尔摩中国文化中心举行，与会者就针灸中医药理论、实践、科研和行业标准等进行了探讨交流。论坛期间，瑞典“一带一路”中医针灸联合教育基地举行揭牌仪式，瑞典国际针灸医师考试委员会也宣布成立。

与此同时，各地政府、中医医院、中医药高等院校也纷纷立足自身优势，积极开展形式多样的中医药公共外交。例如，甘肃在亚美尼亚、吉尔吉斯斯坦等八国成立岐黄中医学院，组织中医药专家赴海外从事中医培训及诊疗，使中医药在“一带一路”沿线国家逐渐受到民众欢迎。由上海市教育委员会主办，上海中医药大学承办的“一带一路”沿线国家医学高端人士中医药研习班已经举办两届，为期三周的研修活动通过主题讲座、考察参观、医生交流、学员沙龙、文化体验等多种形式，系统地介绍并展示我国中医药的医疗政策、临床优势、科技创新、中医的生命观、特色诊疗技术、健康养生实践、中华文化传统等内容，并展示“海派中医”在中医药发展中所呈现的独特魅力。针对“一带一路”沿线国家和地区医疗人才培养和教育的广泛开展，越来越多的外国学生来到中国学习中医。

《中医药“一带一路”发展规划》在“民心相通，加强与沿线国家人文交流”这部分特别强调，开展中医药公共外交，以中医药为载体传播中华传统文化，用国际化语言讲述中国故事，促进中医药文化在沿线国家传播与推广，将中医药打造成中国在国际舞台的一张亮丽名片。为此，要着重开展三方面的工作。第一，与沿线国家合作办学项目。与沿线知名大学合作办学，将中医药纳入沿线国家高等教育体系，扩大中医药在沿线国家的学历教育和继续教育规模，提升教学质量。在条件成熟的沿线国家开设更多的中医孔子学院。第二，中医药国际教育基地项目。遴选一批具备条件的中医药高等院校，面向沿线国家开展中医药学历教育、短期培训以及临床实习。加强海外中医医师规范化培训，提高服务能力和诊疗水平。支持中医药院校开展非学历远程教育。第三，中医药国际文化传播项目。积极利用驻外使领馆、中医药海外中心、孔子学院和海外中国文化中心等多种平台，举办大型中医药文化展览、义诊、健康讲座和科普宣传活动，制作中医药国际宣传材料，促进沿线民众对中医药理论和医疗保健服务作用的了解与认同。①

当前，中国经济发展进入新的历史时期，中医药在经济社会发展中的地位和作用愈加重要，中医药振兴发展迎来了天时、地利、人和的历史性机遇。共建“一带一路”倡议顺应历史大潮，所体现的价值观和发展观符合全球构建人类命运共同体的内在要求，也符合沿线国家人民渴望共享发展机遇、创造美好生活的强烈愿望和热切期待。毋庸置疑，随着时间的推移，中医药将在共建“一带一路”的进程中逐步彰显强大的生命力和创造力，为建设一个更加健康、繁荣、和谐的世界，最终实现构建人类命运共同体的美好愿景做出更大贡献。

参考文献

[1] 习近平：《习近平谈治国理政》，外文出版社 2014 年版。

[2] 习近平：《习近平谈治国理政（第二卷）》，外文出版社

① 国家中医药管理局、国家发展和改革委员会：“中医药‘一带一路’发展规划（2016－2020 年）”，中国一带一路网，2017 年 1 月 18 日，https：//www.yidaiyilu.gov.cn/wcm.files/upload/CMSydylgw/201703/201703200329031.pdf。

2017 年版。

[3] 中共中央文献研究室编:《十八大以来重要文献选编(上)》,中央文献出版社 2014 年版。

[4] 中共中央文献研究室编:《十八大以来重要文献选编(中)》,中央文献出版社 2016 年版。

[5] 中共中央宣传部编:《习近平总书记系列重要讲话读本》,学习出版社、人民出版社 2016 年版。

[6] 中共中央宣传部编:《习近平新时代中国特色社会主义思想三十讲》,学习出版社 2018 年版。

[7] 国家中医药管理局、国家发展和改革委员会:"中医药'一带一路'发展规划(2016—2020 年)",《中医杂志》2017 年第 4 期。

[8] 黄建银:"'一带一路'将开启中医药海外发展机遇 3.0 时代",《中国医药报》2015 年第 6 期。

[9] 窦金鑫、田林:"'一带一路'战略下的中医药产业发展",《大众科技》2016 年第 9 期。

[10] 王长青、郦雨曜:"'一带一路'视域下中医药国际传播的价值与策略",《南京医科大学学报(社会科学版)》2016 年第 4 期。

[11] 张一凡:"中医药在海外的传播与前景",《文化纵横》2017 年第 1 期。

[12] 张丽:"'一带一路'背景下来华留学生中医文化教学策略探讨",《中医药导报》2019 年第 17 期。

[13] 舒朝普:"中医药:'一带一路'经贸合作新重点",《中国外贸》2019 年第 15 期。

［14］叶淑兰、何靖宇：“中医药文化对外传播：症结与思路”，《对外传播》2019年第8期。

［15］张明文：“‘一带一路’背景下中医药对外交流问题与对策研究”，河南中医药大学硕士学位论文，2017年。

［16］程玲：“基于中医药典籍英译的中医药跨文化传播研究”，安徽中医药大学硕士学位论文，2016年。

中医药文化对外传播的挑战与对策

兰　颖*

世界人民交往过程中，“民心相通”是“互联互通”之根本。“民心相通”既是各国人民实践层面的互动，更是各国人民对“他者”文化的接纳甚至是通达的心理认同。中医药文化包含中医药“器物”——中药方剂、针灸、推拿等临床诊疗实践的物质文明“硬实力”以及根深底厚的中国儒家、道家、佛家、易学和阴阳五行之说的传统文化精神文明“软实力”。兼具“硬实力”与“软实力”的中医药文化是“民心相通”实践过程中的“巧实力”。它既能带动中医药产业走向世界，让中华文化传播全球，更能让沿线国家民众以这一特殊的视角了解真正的中华文化和中国故事。

* 兰颖，博士，成都中医药大学马克思主义学院教师，主要从事中国特色社会主义大国外交理论与中医药文化对外传播研究。

一、中医药国际传播正当时

“中医药学是中国古代科学的瑰宝，也是打开中华文明宝库的钥匙。”[①]“一带一路”倡议为中医药学在沿线国家的传播与交流提供了前所未有的机遇。从65个国家到150多个国家及国际组织的认同和参与，“一带一路”合作平台正经历着快速发展时期。政策、道路、贸易和货币的相连相通为沿线国家的人文交流创造了物质条件，打造了更加广泛的文化传播舞台。中华文明瑰宝与沿线国家传统文化的互学互鉴正逐步实现。与此同时，中医问诊机制与中药疗效的保障、相关制度的不断完善以及越来越达成共识的“人类健康共同体”理念为中医药文化“走出去”奠定了更加坚实的认同基础。“一带一路”倡议背景下，中医药国际传播正当时。

（一）“一带一路”建设为中外人文交流提供更广的舞台

自2013年“一带一路”倡议提出以来，沿线国家从政府层面、社会组织层面、“一带一路”国际合作高峰论坛、各国高校与研究所成立的“一带一路”研究平台及智库合作联盟等多个渠道为中国与其他沿线国家的人文交流提供了政策保障、资金支持，实现了彼此间的信息互通、学术互动以及高频次的人员互访。“一带一路”倡议已为中国与沿线国家的人文交流铺就一条通达彼此、凝聚共识的崭新之路。十九大报告着重强调了提升中国“软实力”过程中人文交

---

① 习近平：“习近平致信祝贺中国中医科学院成立60周年上的讲话”，人民网，2015年12月22日，http：//politics. people. com. cn/n1/2015/1223/c1024－27963139. html。

流的重要性，将国际人文交流提到国家对外交往的新战略高度。

另一层面，人文交流的顺畅与否与国家间政策沟通、经贸往来、安全互信等多方面因素相关。“一带一路”倡议推动沿线国家政策沟通、道路联通、贸易畅通、货币流通，保障了国家间高效的政治对话，频繁的贸易交往和金融市场的衔接，为国家间深入的人文交流奠定了物质基础，也能从根本上促进“民心相通”。中医药文化是中华文化之精髓，是中外人文交流的核心内容，是传播中华文化的重要肌体。“一带一路”倡议为中外人文交流提供了物质基础，也必然为中医药文化的广泛交流提供更广阔的舞台。

（二）中医药文化的全球传播进入新时代

中医药文化的全球传播进入了以国内立法为基点、以疗效确证为突破口、以政策护航和学会合作为保障的新时代。中医药文化的全球传播是中医药器物和中华传统文化双向传播的过程。中医药器物实践的规范性、中医药自身科学性的确证是中医药文化实现传播认同的关键。2017 年 7 月 1 日起，中国首部全面、系统体现中医药特点的综合性法律《中华人民共和国中医药法》正式施行。[1] 中医药立法推动了国内中医药开发，规范了中医临床治疗，监管了中医药企业的国内外市场竞争，从而有效回应了国外民众对中医药器物实践的规范性的质疑。

近年来，中医药疗效尤其是针灸推拿技术在全球的接纳度逐年增高，其中在新加坡、印度尼西亚、马来西亚等国，针灸推拿已然成为当地民众治疗经络不畅、脾胃不适、体质虚弱的重要选择之一。

---

① 庞倩影：“中医药立法施行的三大重要意义”，金羊网，2017 年 4 月 24 日，http：//health. ycwb. com/2017 －04/24/content_24701918. htm。。

由于当地民众对中医方剂或成品药疗效以及西方医学界对其科学性还存在一些质疑，中医药方剂或成品药在一些沿线国家的销售情况相较于西医药尚不具有优势，从而影响了中医药器物背后文化传播的认同效果。

2015 年，中国药学家屠呦呦因从中国传统草药中提取的青蒿素攻克了疟疾而获得诺贝尔生理学或医学奖这一新闻让全球焦点汇聚于中医药，使中医药自信地走出国门并充分回应了中医药疗效以及西方医学界对中医药科学性的质疑。2018 年中国科学院院士陈竺与其他两位国外科学家采用全反式维甲酸和三氧化二砷（俗称砒霜）对急性早幼粒细胞白血病实施综合治理，其中 90% 的患者可被治愈，开创了此类病种的革命性疗法，获 2018 年舍贝里奖。使用砷剂的理念源于中医药，在该疗法中为科学实验加以证实。① 陈竺院士在此疗法上的成功再次将中医药推到世界的面前。两位学者在不同医学领域获得的成就确证了中医药的疗效性及其科学性。中医药在全球疾病治疗中取得的国际性成就成为中医药文化对外传播的重要突破口。

与此同时，中国政府和中医药相关学会从政策护航和学术合作平台两方面大力推动中医药文化对外传播，为中医药“走出去”奠定了坚实的政策保障和学术传播保障。2016 年 12 月国务院新闻办发布了中国首部中医药白皮书。白皮书中强调中医药是最具代表性的中国元素。中华文化的传播以及中外人文交流中，中医药必须承担举足轻重的作用。截至目前，中国在中医对外传播方面制定了多项相关政策，如《中医药国际科技合作规划纲要（2006—2020 年）》

① 世界中医药学会联合会：“2018 年度世界中医药十大新闻发布——陈竺获 2018 年舍贝里奖，屠呦呦获改革先锋称号，中医药获海内外肯定”，世界中医药学会联合会网，2019 年 1 月 9 日，http：//www. wfcms. org/menuCon/contdetail. jsp？ id =9027。

《中医药对外交流与合作中长期规划纲要（2011—2020 年）》《中医药健康服务发展规划（2015－2020 年）》《中医药发展战略规划纲要（2016—2030 年）》和《中医药“一带一路”发展规划（2016—2020 年）》等。①

此外，各级中医药学会也积极搭建合作平台，如世界中医药学会联合会近年来一直积极活跃在中医药文化推广的第一线。2018 年 11 月，在第十五届世界中医药会暨“一带一路”中医药文化周的开幕式上发布的《罗马宣言》，将每年的 10 月 11 日定为“世界中医药日”。② 从此，中医药在全球有了自己的节日，并将逐渐成为一种世界性文化符号。2018 年 11 月，依托中宣部“中华之美海外传播工程”以及国家中医药管理局“一带一路”国际合作专项，世界针灸学会联合会分别在巴黎召开 2018 国际针灸学术研讨会和在英国举行“一带一路”中国针灸风采学术及演讲活动。2018 年，中医药文化之风可谓吹遍了欧洲。

（三）“人类健康共同体”认同助推中医药文化对外宣传

中国近年来不断通过公共外交在国际社会中宣传构建“人类命运共同体”思想，从而推动国际社会政治文化朝着“合作共赢、和谐共享、多边发展、关系联动”的认同方向发展。对于“人类命运共同体”思想的共识，虽然各国学者得到的结论不同，但经过近几年国家层面的解读、国内学者的分析以及国内主流媒体的对外宣传，

---

① 张景田、田悦戎：“构建中医药文化国际传播理论体系”，《中国国情国力》2018 年第 12 期，第 10 页。

② 世界中医药学会联合会：“2018 年度世界中医药十大新闻发布——第十五届世界中医药大会发布《罗马宣言》，确认‘世界中医药日’”世界中医药学会联合会网，2019 年 1 月 9 日，http://www.wfcms.org/menuCon/contdetail.jsp?id=9027。

沿线国家对于“人类命运共同体”思想的认知基本定位在认同这一思想就“利益共同”与“责任共同”两方面有高度的辩证逻辑关系以及人类命运在人类历史发展过程中涵盖广泛的关系联动。基于此，世界卫生组织非政府组织（NGO）成员（主要是医学相关方面的成员）以及国外医学专家和国外民众就能根据医疗受益对象和健康责任共担这两方面来解读和认同中国提出的“人类健康共同体”概念。

“人类健康共同体”是对全人类身心健康发展的关切，同时蕴含了解决人类健康问题的共同责任。“人类健康共同体”强调，针对人类各种健康问题，一切医学文化、手段都需发挥作用。所有传统医学和西医学也需根据“以人为本”的原则，广泛容纳彼此的文化价值和实践方式，从而探索出一条针对各种疑难杂症、药物引起的药源性疾病和医源性疾病的综合性治疗手段和方案。

“人类健康共同体”的认同助推包括中医药在内的各种传统医学的文化价值在全球的传播及其认同的升华，促进各种医学文化的融合与拼合，为全人类整合出一条更加有效而多元的防治或医疗思路。

二、当前中医药文化对外传播的挑战

“一带一路”建设的稳步发展为中医药文化的对外传播提供了难得的机遇。但不可否认的是，由于沿线国家民众对西医学核心价值的哲学基因包括还原性、具象性等价值理念先入为主的认同，中医药文化整体性、意象性等核心价值理念在沿线国家中难免遭受质疑和担心。不仅如此，中医药文化在沿线国家的传播过程中还出现结构性失衡的现象，既有地区性传播失衡，也有器物与文化价值观传播的结构性失衡。正确分析中医药文化在沿线国家传播过程中面临的挑战，有助于进一步厘清中医药文化的对外传播思路和路径选择。

（一）中医药文化与西方医学核心价值的哲学基因对抗

中医药文化与西方医学核心价值的哲学基因对抗主要包括两方面。

首先，中医药文化属于朴素的唯物辩证论，其核心要义可见于《黄帝内经》对五运六气的阐释。六气是指将一年大气分为三阴三阳六气，其化为风、寒、暑、湿、燥、火六种气候要素。天之六气与木、火、金、水、土五行五方之气的结构，构成《黄帝内经》用以阐释宇宙与人体生命安全运动变化规律的天道基础。[①] 因此，中医药文化中蕴藏着对人体内脏、气韵、环境、精神等多个层面的整体性联系，强调各因素之间的关联和互通。而西方医学则主张机械唯物论。西方医学注重病情相关的相应器脏，检验出病变的基本身体单位，实行对靶治疗。机械唯物论突出的是个体性而非整体性关系。

其次，中医药文化受中华传统“意象思维”的影响，宏观上把握全局但对具体概念没有严苛的界定。而西方医学则是要求“具象”的。换句话说，西方医学要求概念之间具有严格的界限和明确的逻辑，它落实在具体的微观层面。中医药文化与西方医学核心价值的哲学基因对抗，导致二者在临床实践的巨大不同。就肾病而言，中医通过面相和脉象来确认肾脏以及经、气、神之间的关系，通过对病患身体的“阴阳”平衡进行整体性调节，从而达到治愈肾脏的效果。但对西医而言，肾脏就是由肾小体、肾小管、肾小囊和肾小球

---

① 曲黎敏：《中医与传统文化》，人民卫生出版社2009版，第182页。

组成的集合。肾脏问题需要通过检查找到具体发病的基本肾单位，然后对具体发病单位进行治疗。

中医药文化与西方医学的哲学基因相互抗衡导致两者相互融合必然是一个长期的过程。牛津大学教授理查德·道金斯（Richard Dawkins）曾在《自私的基因》中对文化进化和传递问题提出“文化模因”① 的概念。“文化模因”如同遗传基因一样包括强势因子和弱势因子。强势文化模因会成为文化传承的重要组成部分。相对地，这种强势文化模因对于异质文化的排他性也是最强的。西方医学的哲学基因是西方医学文化的强势模因。他以个体排斥整体、微观排斥宏观、“还原”排斥“元气”、“具象思维”排斥“意象思维”的形式捍卫着主体文化的强势模因。

目前，“一带一路”沿线国家除部分国家以本国发展起来的传统医学为补充或替代医学外，如印度的生命吠陀体系和悉达医学、越南东医、蒙古蒙医等，大多数国家的公民医疗的主体都是西医。而中医在这些国家中仅作为发展还不成熟的替代医学或者更次之为健康防治的替代方案。西医在这些国家的医疗主体地位有利于西医核心价值作为强势基因文化被不断强化和认同，而另一方面中医药文化则成为一种弱势文化基因，一直处于两种文化交际的边界地带。人们对“元气”无法“还原”、宏观“意象”无法“具象”产生疑虑和不解，因此，在这些地区中医药文化要实现高度认同还需要走很长的路。

---

① ［英］理查德·道金斯著，卢云忠、张岱云等译：《自私的基因》，中信出版集团2018年版，第43—83页。

（二）中医药文化在“一带一路”倡议辐射国家传播的结构性失衡

在中宣部“中华之美海外传播工程”以及国家中医药管理局“一带一路”国际合作专项的支持下，在《中医药“一带一路”发展规划（2016—2020年）》的政策保障下，在相关学会加强学术讨论和实践合作的过程中，中医药文化在沿线国家的传播平台从总体上看呈发展趋势。2017年12月，中医中药网报道了广西中医药大学与马来西亚拉曼大学合作共建的“中国—马来西亚中医药中心”项目在吉隆坡挂牌。双方将在接下来的三年进行科研、文化和医疗领域的交流合作。该中心是集教育、医疗、产研为一体的国家级中医药合作平台。[①]《中国中医药报》2018年5月31日报道中国—以色列中医药中心在以色列南部城市阿拉德市正式挂牌，阿拉德市将与该中心合作开展中医医养结合项目。[②] 2017年11月，中国—阿联酋中医中心在迪拜正式挂牌。2014年12月，匈牙利国会通过的“中医立法”案以及之后2015年出台的执行细则标志着中医在匈牙利的立法已经进入成熟期。[③] 2015年6月，捷克赫拉德茨－克拉洛维大学附属医院的中医中心正式成立，这是中东欧地区首家由两国政府支持的中医机构，也是中东欧地区首家中医中心与当地医院合作的典范。[④] 2015年9月，辽宁中医药大学与斯洛伐克医科大学合作举办

---

① “中国—马来西亚中医药中心项目在吉隆坡挂牌”，新华网，2017年12月13日，http://www.xinhuanet.com/overseas/2017－12/13/c_129765103.htm。

② 于伟：“中国—以色列中医药中心成立”，《中国中医药报》2018年第11期，第143页。

③ ［匈］巴拉蜡·加浓斯、吴滨江等：“匈牙利中医针灸发展和传播的研究”，《中医药导报》2017年第6期，第1页。

④ 于福年：“中东欧16国中医药概况与发展战略思考”，《中医药导报》2016年第23期，第2页。

中医孔子课堂，以“汉语＋中医”的课程模式推广汉语和中医药文化，为斯洛伐克乃至东欧地区的中医药文化推广提供了更加深入的交流平台。① 2018 年 11 月，第十五届世界中医药大会分会场“一带一路”中医药学术交流活动在塞浦路斯利马索尔市举办，世界中医药学会联合会与塞浦路斯针灸师学会进行了广泛的学术、工作和文化交流。②

可见，随着“一带一路”倡议的不断深入，中医药文化在沿线国家的传播总体上已有所发展。但值得注意的是，中医药文化在“一带一路”沿线国家传播的结构性失衡问题尚未解决并且还有扩大之势，这主要体现在两个方面：

首先，中医药文化传播平台的地区结构性失衡。根据收集的相关信息显示，至 2019 年相较于中亚、南亚、东欧和西亚地区，中医药文化在东南亚国家的传播平台构建模式更具多元化、认同度也相对较高。在中亚地区，除吉尔吉斯斯坦已与甘肃合作建立中医学院外，哈萨克斯坦、乌兹别克斯坦、塔吉克斯坦等国在传播平台的建设上尚无实质性进展，属于沿线国家中中医药文化传播平台发展较为迟缓的地区。“一带一路”沿线的东欧国家，目前捷克、斯洛伐克、匈牙利和波兰与中国中医高校和中医医院逐步达成合作共识，并开办相应的教育培训机构等。但波黑、爱沙尼亚、拉脱维亚和摩尔多瓦等国在中医药文化传播平台的搭建上还主要维持在人员互访、签署意向性备忘录、开启尝试性合作的初级发展阶段。南亚地区印度的传统医学文化与中医药文化在崇尚自然的理念上有共同之处，

---

① 郎冬梅、郭力铭等：“坚定文化信念，讲好中医故事——斯洛伐克‘中医孔子学院’课程体系建设与实践”，《辽宁中医药大学学报》2018 年第 8 期，第 131 页。

② 世界中医药通讯：“2018 年‘一带一路’中医学学术交流活动走进斯普鲁斯”，《世界中医药》2019 年第 1 期，第 238 页。

对于中医药文化，印度民众持较为接纳的态度。不过目前，印度只有三个中医诊所、一个眼科针灸研究中心、三个中医药学会，这与印度政府为保护当地传统医学对中医和针灸暂不开放引入有关。[①] 南亚地区除印度外，尼泊尔、不丹的中医药文化传播平台虽有所发展，但成效不够显著。到 2019 年，在西亚地区，阿联酋全国约有百家中医药相关机构，这对中医药文化的传播起到重要的推动作用，但相较于阿联酋，西亚地区其他国家的中医药文化传播平台建设还相对缓慢。

相较以上地区，东南亚由于华人人口分布较多、历史上中医药文化的对外输出成果丰富以及对同源传统医学的民众认同度较高，东南亚国家的中医药文化传播平台建设相对顺利，比如新加坡和马来西亚。2000 年 11 月，新加坡国会通过了针灸师和中医师注册法令，从而确立了中医的合法性地位。[②] 至此，新加坡的中医药诊所、中医院、中医学院以及中医师的培养进入黄金时代。不仅如此，新加坡的中医药非盈利机构加大了对社会公益的投入，多采用社区义务治疗等方式让当地民众了解中医药文化、中医治疗原理和方式。在马来西亚，中医尚未在当地立法，不过中医药组织几乎遍布马来西亚各州。马来西亚卫生部对华人医药总会、中医师工会以及中医师暨针灸联合总会的资格认证促进了马来西亚地区中医医院、学院、研究院及其相关学术活动的发展。[③] 客观来讲，虽然东南亚地区相较

① 龙堃、郑林赟：“中医药在印度发展现状和策略研究”，《中医药文化》2018 年第 12 期，第 19—21 页。

② 陈岩、邹建华：“中医药大新加坡的发展现状”，《世界中医药》2013 年第 5 期，第 575—576 页。

③ 胡以仁、黄保民等：“中医药在马来西亚的发展状况与建议”，《中医药导报》2016 年第 19 期，第 5 页。

于其他地区，中医药文化传播平台成就相对突出，但本地区内部的平台搭建结构仍然不合理。如老挝、柬埔寨、文莱等国虽然逐渐开始关注中医药文化，但国家间人员互动不足，学院和医院的官方介入较少，中医药人才普遍短缺更别提中医药立法和大量开设中医诊室或针灸推拿堂。中医药文化传播平台在大区域范围的结构性失衡和小区域内部的结构性失衡是当前中医药文化在“一带一路”沿线国家传播过程中面临的至关重要的问题。只有推动沿线国家在中医药文化介入过程中的对话和合作，并有的放矢地针对各地区实际情况升级交流方式，打造多元平台，才能扭转当前地区结构性失衡的状况。

其次，中医药文化传播过程中器物载体与价值观内涵传播的结构性失衡。中医药文化传播需要综合中医药器物载体与价值观内涵的双重传播力量。目前中医药文化传播的结构性失衡体现为两种传播力量的不均衡，或者器物载体相对通达但价值观传播不畅，或者价值观传播顺利但器物载体传播受限。

“天地人相参”、大医精诚、以人为本，养生防治是中医药文化的核心价值观，概括起来为六个字：人本、中和、自然。[①] 人本、中和、自然就是中医药有关配伍、针灸、按摩等一系列临床实践的基础，也是中医药文化传播之根所在。因此，中医药价值观传播是中医药文化传播的首要任务。然而，对于中医药文化传播相对迟缓的地区，中医药文化的传播呈现出器物载体多于价值观内涵传播的趋势。比如，东欧地区的立陶宛、克罗地亚、保加利亚地区，中医药文化在这些国家的传播主要通过起草相关替代医学法案、成立中医

① 张宗明：“论中医文化基因的结构与功能”，《自然辩证法研究》2015 年第 12 期，第 52 页。

治疗中心、人员互访学习等方式来实现。这些方式都有助于中医药文化的传播，但其传播方式基本都以中医药器物载体来实现的。起草相关替代医学法案确证中医药在本国的合法性。中医治疗中心主要以针灸、推拿等方式进行临床医疗，人员互访学习也主要集中在专业人士的圈层中，以上三种方式虽涉及一些解读和宣传中医人本、中和、自然的价值观，但整个操作过程更注重器物疗效而对文化内涵的宣传还不到位，因此并未实现民众性中医药价值观的普及。此外，部分国家的传统医学与中医药文化的中和、自然的价值观相贴近，因此，中医药文化的价值内涵认同度相对较高，如印度生命吠陀医学有着与中医药相近的医学文化，民众对中医药的接纳是自下而上的，但介于对传统医学的保护，中医药文化的器物载体包括开放中医诊所、普及针灸所、合作建立中医院、中医学院等都未能在这些国家实现。

三、中医药文化对外传播的对策

鉴于目前中医药文化对外传播过程中面临的挑战，中医药文化“走出去”需以中医药发展的本国国情和沿线国家政府与民众的接纳程度及其推广可行性为依据，在尊重沿线国家多元文化的基础上扩大中西医文化间性区间，加强与沿线国家传统医学的共建共享以及推动中医药文化在目标文化体系中的大众化进程。

（一）尊重沿线国家多元文化和扩大中西医文化间性区间

文化间性是不同文化的存在与平等互动，以及通过对话和相互尊重产生共同文化表现形式的可能性。[①] 文化间性区间就是不同文化容纳异质文化达到互相对话和相互尊重的可能性范围。文化间性区间越大，两种文化互相融合并产生新的共同文化的可能性就越大。“一带一路”背景下中医药文化对外传播需要考虑中医药文化与“他者”医学文化，尤其是西医文化的对话和互动。虽然中医药文化与西医文化就整体与个体、具象与意象、元气与还原之间有着较大的矛盾，但是这些矛盾可以通过寻找更多的契合点而得到缓解。《黄帝内经·素问·生气通天论》：“夫自古通天者，生之本，本于阴阳。天地之间，……皆通乎天气。”人与自然、社会形成和谐，互相之间“气”相同。[②] 对于西医学而言，“气”属于“意象”范畴，难以捕捉，但这并不说明中医文化中的“气”与西医文化没有相关性和契合点。中医中的“气”在西医中可以解释为能量代谢。一切生命体在运动过程中，身体的最小单位分子将分解成原子和原子团，并再重新组合成新的分子。这个过程伴随着能量的变化，既有吸收也有释放，是一种能量代谢过程，遵循能量守恒定律。[③] 能量代谢这个概念既符合西方机械唯物主义的世界观，也充分阐释了“还原论”，与西方医学的哲学基因十分吻合。在中医文化解读的过程中将两者进行形象比较，可达到“意象”概念具象化、个体概念整体化的效果。“一带一路”沿线国家的中医院、中医学院、中医孔子学院需要加强研究中医文化与西医学中的重要概念，并找到这些概念和思想中的相关联系或者是相互的替代词，从而扩大中西医文化间性区间，促进二者的交流和对话。

---

① 王才勇：“文化间性问题论要”，《江西社会科学》2007 年第 4 期，第 47 页。

② 郭旭东：《郭旭东中医文化随笔》，山西书海出版社 2008 版，第 24 页。

③ 肖党生：《另眼看中医——中西医合璧的探索》，浙江科学技术出版社 2010 年版，第 5 页。

（二）加强与沿线国家传统医学的共建共享

“一带一路”部分沿线国家的医疗体系中，传统医学作为补充或替代医学占有相对突出的地位。沿线国家传统医学文化与中医药文化在不同层面上有着共同性或者交叉点。越南东医、蒙古蒙医、印度吠陀医学、缅甸贝加西医学与中医药遵循“天人合一”“道法自然”的人文情怀，善于使用草药实现人与自然的和谐共生，再加上这些地区的地理环境可以生长出廉价且品种丰富的草药，中医药学与这些传统医学有极大的可能性实现文化共融。再如老挝、柬埔寨、不丹、尼泊尔的传统医学皆“与佛有缘”，以佛家“因果轮回”倡导养生保健，这与中医药提倡“治未病”异曲同工。但目前，这些国家就中医药器物载体的传入相比较东南亚其他国家而言发展相对缓慢，究其原因在于政府、企业、医疗机构、医学院之间的共建共享平台互动还不全面。针对印度政府限制中医药市场准入，中国政府和企业需要以政策沟通、药物开发为主线，让中医药文化走出去的同时，也起到推动印度传统医学发展的作用。针对缅甸、越南、老挝等地，中国需要加强中医药教育、中医药人才培养、中医临床规范管理等方面的共建平台，为当地培养有中医文化情怀，民族医学背景、临床医疗行为规范的综合性人才，同时广泛地搭建中医药企业与当地传统医药企业间的合作平台，研发普惠当地民众的草本药剂。中国只有加强与沿线国家传统医学的共同建设，推动双边医学文化共同发展，才能让当地民众共同享有两种补充医学在疾病治疗、养生防治、降低“因病而贫”发生率的成果。

（三）推动中医药文化在目标文化体系中的大众化进程

纵观中医药文化在国际传播中的经验，无论是新加坡、马来西亚、泰国等东南亚国家还是美国、英国等欧美国家，中医药文化在这些国家传播的成果展示了中医药文化对外传播的一个普遍规律——自下而上的需求推动中医药文化在当地的普及。在“一带一路”沿线国家尤其是中医药文化发展相对滞后的中亚地区和部分西亚地区，中医药文化的传播需要遵循自下而上的传播规律，形成自下而上的需求，从而推动当地政府和企业对中医药器物载体、中医药文化基因的全面重视，为推进中医药在当地立法立规、打造中医医院、学院和搭建中西医就诊体系奠定基础。中医药文化自下而上的传播方式就是中医药文化在目标文化体系中实现大众化的过程。它的主体是中医药药用知识、病理原理、哲学内涵、中国道家、佛学、易经、阴阳五行学说的大众化。

实现中医药文化大众化需要打造“五位一体”的传播途径。目前，中医药文化传播相对滞后的地区经济发展相对滞后，中医药文化在当地实现大众化的“五位一体”传播途径需要以当地的经济、民生、医疗保障等实际情况作为参照。针对这些地区，打造中医药文化大众化的“五位一体”传播途径包括语言通俗化、义诊持续化、公益讲座普及化、博览会常态化、电影电视浸润化。中医古籍的相关内容晦涩难懂，在元语言转换成目标语言的过程中，尽可能考虑语言的通俗化和目标语言的使用习惯，让中医药文化不是大众望而却步的内容。结合当地民生和经济情况，以中医药高校、医院或者世界中医药学会联合会等协会为依托的慈善义诊和公益讲座是推广中医药文化的主渠道。对当地居民实行周期性义诊和公益讲座的普及有助于实现中医药文化的推广和认同，更有利于实现以中医药文化为介质的“民心相通”。中医药文化博览会是政府和企业了解中医药文化的有效手段，是加强企业合作和开放中医药进入当地市场的窗口，中医药文化的传播需要以中医药文化博览会常态化为抓手。电影电视是当地民众休闲娱乐的主要方式，中国国家广电局作为中华文化对外传播的重要参与者，需要与沿线国家的电视台进行沟通，使其以合理的方式引入有关中医药文化的电影电视作品，促使中医治疗、中医养生等内容成为老百姓话语交流的组成部分。

参考文献

［1］习近平：“习近平致信祝贺中国中医科学院成立60周年上的讲话”，人民网，2015年12月22日，http：//politics. people. com. cn/n1/2015/1223/c1024－27963139. html。

［2］庞倩影：“中医药立法施行的三大重要意义”，金羊网，2017年4月24日，http：//health. ycwb. com/2017－04/24/content_24701918. htm。

［3］世界中医药学会联合会：“2018年度世界中医药十大新闻发布——陈竺获2018年舍贝里奖，屠呦呦获改革先锋称号，中医药获海内外肯定”，世界中医药学会联合会网，2019年1月9日，http：//www. wfcms. org/menuCon/contdetail. jsp？id＝9027。

［4］张景田、田悦戎：“构建中医药文化国际传播理论体系”，《中国国情国力》2018年第12期。

［5］世界中医药学会联合会：“2018年度世界中医药十大新闻发布——第十五届世界中医药大会发布《罗马宣言》，确认‘世界中医药日’”世界中医药学会联合会网，2019年1月9日，http：//

www.wfcms.org/menuCon/contdetail.jsp?id=9027。

[6] 曲黎敏：《中医与传统文化》，北京人民卫生出版社2009版。

[7] [英] 理查德·道金斯著，卢云忠、张岱云等译：《自私的基因》，中信出版集团2018年版。

[8] “中国马来西亚中医药中心项目在吉隆坡挂牌”，新华网，2017年12月30日，http://www.xinhuanet.com/overseas/2017-12/13/c_129765103.htm。

[9] 于伟：“中国—以色列中医药中心成立”，《中国中医药报》2018年第11期。

[10] [匈] 巴拉蜡·加浓斯、吴滨江等：“匈牙利中医针灸发展和传播的研究”，《中医药导报》2017年第6期。

[11] 于福年：“中东欧16国中医药概况与发展战略思考”，《中医药导报》2016年第23期。

[12] 郃冬梅、郭力铭等：“坚定文化信念，讲好中医故事——斯洛伐克‘中医孔子学院’课程体系建设与实践”，《辽宁中医药大学学报》2018年第8期。

[13] 世界中医药通讯：“2018年‘一带一路’中医学学术交流活动走进斯普鲁斯”，《世界中医药》2019年第1期。

[14] 龙堃、郑林赟：“中医药在印度发展现状和策略研究”，《中医药文化》2018年第12期。

[15] 陈岩、邹建华：“中医药大新加坡的发展现状”，《世界中医药》2013年第5期。

[16] 胡以仁、黄保民等：“中医药在马来西亚的发展状况与建议”，《中医药导报》2016年第19期。

[17] 张宗明：“论中医文化基因的结构与功能”，《自然辨证法

研究》2015 年第 12 期。

［18］王才勇："文化间性问题论要"，《江西社会科学》2007 年第 4 期。

［19］郭旭东：《郭旭东中医文化随笔》，山西书海出版社 2008 版。

［20］肖党生：《另眼看中医——中西医合璧的探索》，浙江科学技术出版社 2010 年版。

实践探索篇

中欧班列的发展成效、问题及优化对策

黄　浩*

“中欧班列”（英文名称 CHINA RAILWAY Express，缩写 CR Express）是由中国铁路总公司组织，按照固定车次、线路、班期和全程运行时刻开行，运行于中国与欧洲以及“一带一路”沿线国家间的集装箱铁路国际联运列车。① 中欧班列的开行早于“一带一路”倡议的提出，是“一带一路”建设的先锋队。稳步推进中欧班列的向好发展，对满足中国与亚欧大陆其他国家间日益增长的进出口货物运输需求，促进沿带沿路各国——尤其是中亚和中东欧国家——基础设施互联互通建设，提升沿线国家经济贸易合作水平，激发丝绸之路经济带协同发展潜能是有重要作用。中欧班列像一条沿亚欧大陆桥穿行而过的“黑丝带”，将沿线各个国家更加紧密地联系在一起，齐力建设“带路共同体”。明晰中欧班列得以开行的市场基础，

---

* 黄浩，北京大学国际关系学院博士研究生，主要研究方向为国际政治经济学、对外援助、中国对外经济关系及经济外交。

① 该定义引自推进“一带一路”建设工作领导小组办公室于 2016 年 10 月 8 日印发的《中欧班列发展建设规划（2016 - 2020）》（以下简称《规划》）。

总结开行至今发展状况，探究其继续深化发展所面临的问题，对于促进中欧班列的高质量建设具有重要意义。

一、中欧班列发展成效显著

（一）开行列数与日俱增 辐射范围涵盖欧亚

自2011年首趟中欧班列启程到2019年第一季度，中欧班列发展迅速，成为中国与沿线国家经贸合作的新载体。历经八年多的发展，中欧班列累计开行数达14691列，其影响范围以中国为中心，西至中亚与欧洲，东至朝鲜半岛，南至东南亚，北至俄罗斯，已经联通中国62个城市和中亚与欧洲15个国家的51个城市，铺行线路高达68条。[①] 作为连接中国与中亚、欧洲的重要桥梁之一，中欧班列已经成为推进“一带一路”建设的重要抓手，极大地促进了各国间设施联通和贸易畅通。

2011年1月28日，渝新欧国际铁路联运试验班列从重庆市团结村出发，终到俄罗斯切尔克斯克，全程8129千米，历时11天。[②] 这是首条正式开行的中欧班列，开启了以中国为中心的国际铁路货运大通道建设的新篇章。

从2012年开始，除从重庆出发的班列数量快速增长外，如表6—1所示，另有多个城市先后常态化开行了中欧班列。至2018年

① 数据由推进“一带一路”建设工作领导小组办公室综合组组长肖渭明于2019年4月22日国务院新闻发布会上公布，http://world.people.com.cn/n1/2019/0422/c1002-31043513.html。

② 第一列班列开行数据引自渝新欧（重庆）物流有限公司介绍，http://www.yuxinoulogistics.com/website/h-Chinese/linetime.html。

底，全国已经有62个城市加入开行中欧班列的行列中。

表6—1　早期常态化开行的中欧班列

中欧班列名称	始发城市	终点城市	开行时间	运营里程（km）
渝新欧	重庆市	德国杜伊斯堡	2011年1月	11179
汉新欧	武汉市	德国汉堡	2012年1月	10324
湘欧快线	长沙市	德国杜伊斯堡	2013年10月	11808
苏满欧	苏州市	波兰华沙	2012年11月	11200
蓉欧	成都市	波兰罗兹	2013年4月	9826
郑新欧	郑州市	德国汉堡	2013年7月	10214
长安号	西安市	哈萨克斯坦阿拉木图	2013年11月	3866
义新欧	义乌市	西班牙马德里	2014年11月	13052

资料来源：作者根据各班列运营公司官方数据整理所得。

开行城市数量的迅速增长带来的便是中欧班列整体列数的增长。根据表6—1可以看出，班列年开行数量呈几何式增长，至2018年底，共计开行12937列。

除了在国内反响热烈外，中欧班列在“一带一路”沿线国家内部也得到广泛支持，越来越多的城市愿意加入中欧班列的开行计划中，中欧班列的终点站也从最开始的俄罗斯和中亚国家扩展到中东欧和西欧国家。截至2019年第一季度，中欧班列已经常态化联通了

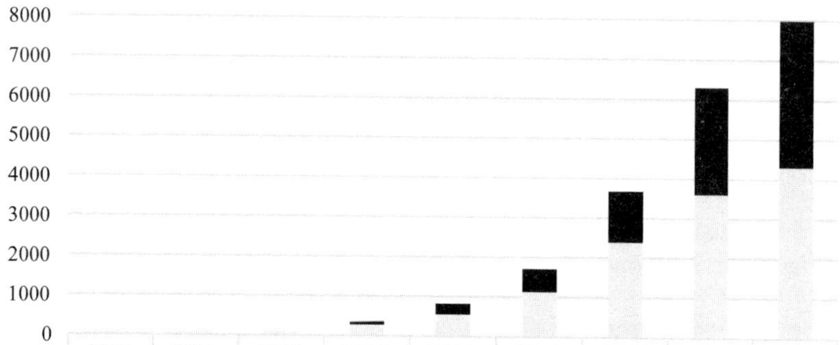

	2011	2012	2013	2014	2015	2016	2017	2018	2019
■回程	0	0	0	28	265	572	1274	2690	3700
去程	17	42	80	280	550	1130	2399	3610	4300

去程 ■ 回程

图 6—1　2011—2019 年中欧班列开行列数统计*（单位：列）

数据来源：中国铁路集装箱网。

＊2019 年开行列数为作者根据 2019 年第一季度数据计算出的预测值。

中亚与欧洲 15 个国家①②的 51 个城市。其中，义乌市开行的“义新欧”班列终到马德里，全程 13052 千米，过境哈萨克斯坦、俄罗斯、白俄罗斯、波兰、德国、法国、西班牙 7 个国家，经过国家数量和运营里程均列各条线路首位。与此同时，从图 6—1 中也可看出，中欧班列逐渐常态化、规模化运营之后，从欧洲国家始发返回中国的班列数量也从无到有，并呈现迅猛增长的态势，2019 年基本实现双向运输平衡，这是各国铁路部门协调合作的丰硕成果，也是经贸往

① 此处所指的国家为常态化开行往返班列的国家，不包括已经停运班列的国家和为了满足政治需要只开行过一次班列的国家。

② 此处所指的 15 个国家具体为：德国、波兰、捷克、西班牙、白俄罗斯、比利时、俄罗斯、奥地利、哈萨克斯坦、荷兰、匈牙利、蒙古国、法国、意大利、斯洛伐克。

来日益频繁的重要体现。

（二）品类丰富货值倍增 带动区域经济发展

中欧班列运营初期，往来货物主要是轻工业制品和电子产品，如纺织服装、箱包玩具、手机、笔记本电脑及零配件等，目前在此基础之上已经扩大到整车进口、汽车零配件、飞机零配件、粮食、食品、重型机械设备、家电产品、原材料等多个门类，涵盖了中国与欧洲国家间的主要货物贸易种类，货物附加值也在不断上升。其中附加值较高的整车进出口成为新的增长点。如 2018 年 6 月，160 辆沃尔沃汽车搭乘“长安号”从比利时根特出发抵达西安市；[①] 2018 年 11 月，112 辆奔驰 S 级轿车从德国始发从霍尔果斯口岸入境终到重庆市团结村，车辆总值高达 4340 万元。[②] 除此之外，重庆于 2018 年 4 月首次实现了铁路运输波音 737 引擎，中欧班列货物种类和货物附加值不断突破上限。[③]

中欧班列所搭载的进出口货物总货值也有了突飞猛进的增长。表 6—2 呈现的是中华人民共和国海关总署所披露的各个中欧班列通关口岸统计所得货值。

---

① 摘自“长安号”班列运营公司西安国际陆港集团，https：//www. xaport. net/login #newscont。

② 摘自“渝新欧”班列运营公司渝新欧（重庆）物流有限公司，http：//www. yuxinoulogistics. com/website/h – Chinese/linetime. html。

③ 摘自“渝新欧”班列运营公司渝新欧（重庆）物流有限公司，http：//www. yuxinoulogistics. com/website/h – Chinese/linetime. html。

表6—2　2017—2018年中欧班列进出口货值（单位：亿美元）

口岸	满洲里	二连浩特	阿拉山口	霍尔果斯	总计	占当年贸易额比例①
2017年	56.80	25.12	90.88	1.00	172.80	3.04%
2018年	87.28	27.77	168.36	46.59	330.00	5.08%

数据来源：中华人民共和国海关总署统计月报，http：//www.customs.gov.cn/customs/302249/302274/302277/index.html。

根据表6—2中的统计数据可以看出，中欧班列整体货值稳步升高，2018年货物贸易总值环比上升90.97%，在中国与对应国家货物贸易中所占比重也升高至5.08%。随着双方合作的深化，以及沿线国家基础设施建设的升级扩容，未来还有进一步提升空间。中欧班列的开行，为中国与欧洲和中亚国家的货物贸易往来开辟了新的运输渠道，助力双方进出口贸易平衡发展。

中欧班列除了在国家整体经济层面对进出口贸易有较强的促进作用外，对班列开行城市当地的发展也有很强的外溢效应。以西安市始发的中欧班列“长安号”为例。自2013年11月首发以来，西安市国际贸易额大幅增长，吸引了相关产业在西安附近集聚，西安市也配合建立了对外贸易的新基地。截至2018年底，“长安号”的母港——西安国际港务区累计引进电商企业超过1200家，年交易额达3000亿元。现在的西安国际港务区已经布局万亿级的商贸物流产

① 此处“贸易额”指的是中国与中欧班列常态化开行的15个国家的贸易总额，这15个国家具体为：德国、波兰、捷克、西班牙、白俄罗斯、比利时、俄罗斯、奥地利、哈萨克斯坦、荷兰、匈牙利、蒙古、法国、意大利、斯洛伐克。根据中华人民共和国海关总署统计月报披露，中国与这15个国家2017年贸易总额为5722.28亿美元，中欧班列运输货物总值占比3.04%，2018年贸易总额为6498.36亿美元，中欧班列运输货物总值占比5.08%。

业，初步形成以现代商贸物流为主，涵盖大宗商品交易、电子商务、融资租赁、金融服务等门类齐全的现代服务业体系，成为西安发展外向型经济的新引擎。[①] 如江西抚州始发的班列货源有当地特产柑橘，内蒙古巴彦淖尔始发的班列为当地产的葵花子出口提供通道，山东开行的班列则装载济宁的圆葱、临沂的独头大蒜和“沂源红”苹果等特色农产品向西驶去。

除了刺激了中国城市的经济发展外，班列沿线各国的区域经济发展也受到中欧班列的积极影响。据德国杜伊斯堡市政府统计，作为欧洲重要的铁路枢纽和终点城市之一，中欧班列的开行仅在物流领域就为该市创造了超过 6000 个工作岗位。目前已经有超过 1200 家中国企业选择杜伊斯堡和鲁尔工业区所在的德国北威州作为投资目的地，占全德中资投资企业的 25%。[②]

由此可见，中欧班列的开行能够吸引配套产业集聚于开行班列城市周边，形成一条以班列所运输货物为核心的产业链，为境内外参与城市提供了新的经济增长点。

二、中欧班列面临发展瓶颈

（一）班列过多且线路冗杂　难以形成规模经济

推进“一带一路”建设工作领导小组办公室于 2016 年 10 月 8

① 资料来源于中国一带一路网对“长安号”的相关报道，https://www.yidaiyilu.gov.cn/xwzx/dfdt/75842.htm。

② 摘自“渝新欧”班列运营公司渝新欧（重庆）物流有限公司，http://www.yuxinoulogistics.com/website/h-Chinese/news-show.jsp?weixinNo=004sh6aUSDYKxun15C7c04Bc69PH5M&pageName=news。

日发布的《中欧班列发展建设规划（2016—2020）》按照“干支结合、枢纽集散”的组织方式为中欧班列的开行规划了东、中、西三条运输通道，① 中欧班列枢纽节点城市达33个。②

然而在实际运行的过程中，为了获得中欧班列节点城市的重要地位，各节点城市用各种方式扩大班列影响范围，过度强调班列开行数量和线路数量等，忽略了经济效率。同时，此文件只是指导性意见，并不具有严格的约束效力，这就导致部分城市不顾自身经济实力，争先恐后地开行“噱头”班列，力争与其他城市共享中欧班列节点城市的政策红利。但是，这些城市往往既没有足够的产业基础，没有充足的货源支撑班列的开行，也不具备完善的铁路基础设施。例如，作为中国东南地区经济发展水平较低的内陆省份，仅江西一省便有南昌、赣州、上饶、景德镇、抚州、鹰潭、井冈山7个城市开行班列。

① 三条运输通道分别是：1. 西通道：由新疆阿拉山口或霍尔果斯口岸出境，过境中亚国家，终到欧洲各国；2. 中通道：由内蒙古二连浩特口岸出境，途经蒙古国与俄罗斯，终到欧洲各国；3. 东通道：由内蒙古满洲里口岸或黑龙江绥芬河口岸出境，接入俄罗斯西伯利亚铁路，终到欧洲各国。

② 《规划》中将全部节点城市划分为四类：1. 沿海重要港口节点：钦州、大连、深圳、营口、广州、天津、厦门、青岛、宁波、连云港；2. 沿边铁路口岸节点：二连浩特、霍尔果斯、满洲里、阿拉山口；3. 主要铁路枢纽节点：乌兰察布、乌鲁木齐、北京、兰州、天津、西安、沈阳、成都、济南、重庆、南京、杭州、长沙、郑州、武汉、合肥、哈尔滨；4. 内陆主要货源节点：兰州、重庆、西安、成都、东莞、郑州、沈阳、武汉、合肥、苏州、义乌、长沙。

表6—3 当前国际贸易主要运输渠道比较

比较项目	船海运输	中欧班列（铁路运输）	航空运输
运费报价（每集装箱）	约＄2000	约＄4500①	约＄20000
运输时间（天）	45—60	11—20	7—10
货物附加值要求	低	中、高	高
货物时效性要求	低	中	高
适合运输货物种类	电子产品、建材、石油天然气等大宗商品、铁铜矿石等化工原材料、整车龙门吊等重型商品	建材、无危险性的化工原料、服饰、箱包、首饰、国际邮包等；（也可运输对时效性要求较高的低附加值商品，如圣诞用品补货）	水果、肉等生鲜类产品、电子数码等高科技产品、国际邮包、客户要求紧急货物
潜在风险	海面恶劣天气难以控制，存在沉船风险；运输过程中意外失 火难以扑救，损失巨大；公海海盗问题	易受天气影响延误；运输过程中集装箱易受损，可能会影响货物品质；沿途停靠存在被盗风险	易受天气影响延误；运输产品均较为昂贵，在运输中经多次转运，导致货物易损易丢

资料来源：作者根据调研信息整理所得。

由表6—3可知，中欧班列运输之所以存在发展空间，是因为与船运相比具有较高的时效性，与航空运输相比运费更为低廉，目标

① 此处所示价格为中欧班列运营商向货物运输需求方提供的运输服务报价，实际运输成本一般约为报价的2倍，即9000—10000美元。

货源是具有中高附加值，对时效性又有一定要求的商品。

根据微观经济学长期平均成本理论，一定生产技术水平下，生产物品与服务能力的扩张会使长期平均成本下降。然而生产规模过大时，则会导致单位产品或服务的长期平均成本不降反升。过于密集地开行班列最终会导致整个国际铁路货运服务行业处于规模不经济的状态，铁路货运长期平均成本不断上升，中欧班列较之于航空运输的低成本竞争力被迫下降。

此外，境外铁路及口岸建设情况参差不齐，尤其是中亚国家铁路基础设施建设严重落后于中国和欧洲国家。现行班列的数量超过口岸城市和境外城市的吞吐能力，各境外口岸出现不同程度的拥堵状况，加上班列出境所必需的海关查验和换轨工作，① 中欧班列的运输时效性受到严重影响。由图 6—2 可知，班列平均运输时间随着中欧班列规模的不断扩大呈现先降后升的趋势。“义新欧”班列运营企业天盟投资实业有限公司工作人员也表示，拥堵导致的最长货运时间曾达到 60 余天，接近了海运。由此，中欧班列相对于海运的高时效性竞争力也大幅下降。

中欧班列在顶层设计层面缺少明确有效的线路规划，未形成强有力的政策约束，导致中欧班列运营缺乏秩序，相对航空运输和船海运输难以形成明确的比较优势，综合竞争力下降，在物品与服务运输市场中难以吸引更多潜在客户，稳定向好发展前景堪忧。

---

① 因各国铁路建设标准不一致，铁路轨道宽度（轨距）也各不相同。如中国、法国、波兰等过轨距为 1435 毫米，哈萨克斯坦、俄罗斯等国轨距为 1520 毫米，西班牙轨距为 1668 毫米。例如列车从中国进入哈萨克斯坦境内时，因两国轨距不同，需要将货物吊装至可在哈萨克斯坦境内通行的车辆上，此过程称为“换轨”。

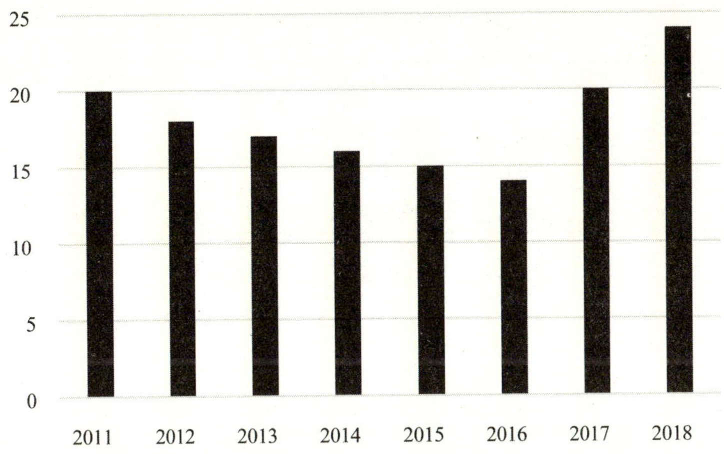

图 6—2　中欧班列运行平均时效变化图（单位：天）

数据来源：中铁集装箱运输有限责任公司中欧班列运输协调委员会秘书处

（二）地方政府过量补贴　严重扰乱市场秩序

如表 6—4 所示，许多省份有不止一个城市开行了中欧班列，其中，江西省有 7 个城市开行班列，达到各省之最。绝大多数中小城市在资金、货源、交通基础设施等方面均难以形成较强的竞争优势，但是地方政府为了争当向西开放的“桥头堡”，不惜重金补贴或采取其他隐性补贴措施，维持本地班列品牌发展。

表 6—4　班列始发城市大于 3 个的省份

省份	城市
辽宁	沈阳、锦州、大连、营口、盘锦
河北	邯郸、石家庄、保定、邢台
山东	济南、临沂、淄博、日照、青岛、青州

续表

省份	城市
江苏	苏州、南京、连云港、徐州
江西	南昌、赣州、井冈山、景德镇、上饶、抚州、鹰潭
内蒙古	通辽、赤峰、呼和浩特、乌兰察布、乌海、二连浩特

资料来源：作者根据跟班列运营平台信息整理

同时，为了实现政府制定的开行班列数量目标，很多班列平台公司不得不低价揽货，用远低于运营成本的方式吸引海运货源或其他地区的货源。如表6—5所示，部分主要班列外地货源比例均不低于50%，郑州始发的部分班列的外地货源所占比例更是高达80%。这就导致一些商品产地附近本有距离更近的中欧班列线路，却因为其他城市的班列补贴更大、运费更便宜，企业核算综合成本后就会舍近求远，将货物运至异地搭载中欧班列出境。补贴不仅没有引导市场走上自主良性发展的道路，反而严重扰乱了市场秩序。

表6—5　部分中欧班列本地与异地货源占比

班列名称	始发地	终点国家	出口班列主要货源
郑新欧	郑州	德国杜伊斯堡	本地及异地各占50%
		德国汉堡 俄罗斯莫斯科	省内25%，省外及过境75%
蓉欧	成都	波兰罗兹 荷兰蒂尔堡 德国纽伦堡	本地54%，异地46%
渝新欧	重庆	法国里昂 捷克帕尔杜比采 俄罗斯莫斯科	本地60%，异地40%

数据来源：中国宏观经济研究院综合运输研究所。

以地方财政补贴为依托的运营主体之间的过度竞争，又导致另一个严重后果：因为班列的市场报价远低于运营成本，班列开得越多，亏损就越大。一般来讲，部分城市会用各类补贴手段扶持班列运营，如为平台公司提供无息贷款、与班列分享通过发展中欧班列而建立的产业园的税收收入等。

综上所述，“明补”和“暗补”的普遍存在使得班列无惧违背市场规律，竞相低价揽活。各线路班列陷入恶性竞争，运输需求企业舍近求远发货现象，降低了资源配置效率。地方政府的补贴严重扰乱了市场正常的运行秩序，对班列的发展产生了不利影响。

（三）过分关注开行列数　平均货值逐年下降

为了争抢本就稀缺的货源，实现既定每年高速增长的班列数量目标，在政府补贴的保障下，一些班列运营公司大幅降低班列运输服务报价，甚至与海运持平，将一些本不必采用班列运输的低附加值商品强推成为中欧班列的货源。这就造成运力资源浪费、效率低下，以及平均货值下降。

如表 6—6 所示，作为中欧班列先行者的“渝新欧”在 2014 年及以前，依托本地的电子元器件和汽车工业，班列运输平均货值高达 2921. 03 万美元，箱均货值高达 71. 24 万美元。但是到 2017 年，每列车厢均货值仅为 18. 40 万美元。相比于原来 3 倍的班列开行数量，货值却只有 3 年前的 1/4。

表 6—6　2014—2017 年"渝新欧"班列货值情况

班列名称	时间跨度	开行列数	总货值（亿美元）	列均货值①（万美元）	箱均货值②（万美元）
渝新欧	2014 年及以前	233 列	68.06	2921.03	71.24
	2016 年	420 列	25.59	609.29	14.86
	2017 年	663 列	50.00	754.15	18.40

数据来源：中华人民共和国重庆海关；重庆市国民经济和社会发展统计公报。

除"渝新欧"外，其他班列平均货值也不容乐观。据表 6—7 可看出，"郑新欧"班列自开行之初，每班列货值稳中有升，但是自 2018 年以来又出现下降的趋势。形势更为严峻的是"长安号"，其开行初期的货值远低于其他班列，同时还面临着不断下降的压力。在 2016 年及以前，"长安号"箱均货值为 7.49 万美元，只有"渝新欧"班列同期箱均货值的 21.41%，[3] 2018 年的"长安号"箱均货值只有开行初期的 34.45%，同期仅有"渝新欧"班列的 18.48%、"郑新欧"班列的 32.44%。

① 计算方法：列均货值 = 总货值 ÷ 当年开行列数。

② 计算方法：箱均货值 = 列均货值 ÷ 41；根据中国铁路总公司规定，每趟出发的中欧班列列车应搭载 41 节车厢。

③ 此处"渝新欧"班列的"箱均货值"利用表 6—6 中"渝新欧"班列 2016 年及以前的总货值和班列数数据计算得出。最终计算结果："渝新欧"班列 2016 年及以前箱均货值为 34.98 万美元。

表 6—7　中欧班列“长安号”和“郑新欧”货值情况

班列名称	时间跨度	开行列数	总货值（亿美元）	列均货值（万美元）	箱均货值（万美元）
长安号	2014—2016 年	292	8.97	307.19	7.49
	2017 年	194	1.98	102.06	2.49
	2018 年	1235	17.2	139.27	3.40
	2019 年 1—3 月	284	3.00	105.63	2.58
郑新欧	2013 年 7—12 月	13	0.50	384.62	9.38
	2014 年	87	4.30	494.25	12.05
	2015 年	156	7.14	457.69	11.16
	2016 年	251	12.94	515.54	12.57
	2017 年	501	27.38	546.51	13.33
	2018 年	752	32.30	429.52	10.48

数据来源：中华人民共和国西安海关；西安陆港大陆桥国际物流有限公司；中华人民共和国郑州海关；郑州国际陆港公司。

班列开行数量的上涨不等于运营效率、运营质量的提高。如何更有效地利用运力资源，实现从量到质的转变，对于各班列的长期运行至关重要。过分注重开行列数的增长，强调表面数据的光彩，导致各地方班列运营平台，依靠政府补贴压低运价争揽外地货源甚至不适合班列运输的货源，造成资源的严重浪费。此外，货值的下降也不断地压缩着班列运营企业的盈利空间，若政府补贴逐渐退出市场，部分中欧班列线路将难以继续运营下去。

三、推进中欧班列稳定向好发展的优化对策

（一）完善班列顶层设计　科学利用班列资源

如前文所述，《中欧班列发展建设规划（2016—2020）》文件中根据城市特性，如内陆货源主要地点、主要铁路枢纽节点、沿边陆路口岸节点、沿海重要港口节点等标记出43个中欧班列重要节点城市。

正如《规划》中的要求，国内开行中欧班列的城市至少应具备本地货源充足和交通便利两项条件之一。诸如义乌市、重庆市、成都市等地区经济发展依赖于与中欧班列沿线国家的进出口贸易，则该地区具备成为中欧班列潜在市场的条件，可直接作为班列起点；诸如西安市、郑州市等地区货源充足程度一般但是具备良好的交通基础设施条件，则该地区具备依靠国内异地货源集中而形成规模效应的硬件条件，可作为周边地区货物出口集散中心。

然而，许多不具备上述特点的城市为了在国家战略规划中争取红利，也将中欧班列的开行提上议事日程并逐步付诸实践。如江西省鹰潭市、抚州市、赣州市等城市本地无货源，既非交通枢纽城市又非沿海城市，不具备成为中欧班列起点城市或节点城市的条件，在中欧班列线路规划过程中应属于潜在的被合并的对象。

综上所述，国家应针对班列开行城市设立“门槛”，对符合条件的城市可继续开行班列，同时禁止不符合条件的城市作为班列起点，撤并已有线路，但也要注意不要在顶层设计的过程中搞行政命令式的“统一”。千百种商品就有千万家生产销售企业，如此之多的企业

形成的多样性、个性化物流服务需求决定了服务方式也要多样化，以满足需求。

因此，建议国家根据各开行城市特点定位，优化整体线路布局，在对不适合开行中欧班列的城市进行整合优化的同时，也要积极鼓励优势突出、运作成熟的线路和企业，激发市场主体作用。

（二）引入监督巡视制度　规范各方不当行为

中欧班列的实际运行是需要地方政府和运营企业相互配合来完成的。运营平台和其委托的货代公司负责班列运行过程中的一线事务，如货物揽收装车、协助地方海关和他国海关处理清关事务、货物到达目的地后的派发等。在地方政府层面，应在海关清关、货源保障、补贴发放等方面给予班列运营平台公司较大的财力和政策支持。但是这两方在协作过程中因为缺乏有力监管，出现了很多问题，如前文所述的地方政府过分补贴、运营企业无序竞争等。为此，中国铁路总公司分别于2014年8月14日和12月16日召开中欧班列国内运输协调会议，会议制定了《中欧班列组织管理暂行办法》和《中欧班列中转集结办法》，签署了《关于建立中欧班列国内运输协调会备忘录》，但是因为缺乏有效的约束和监管，各班列平台公司并未按照文件内容行动，以量为先、争抢货源、恶性竞争的现象未能得到有效缓解。

为了更加有力地规范各方行为，中国铁路总公司等中欧班列上层管理机关可尝试建立具有实际约束力和监管权的机构，对与中欧班列运营相关的包括地方政府和运营平台在内的各主体进行监管。该机构主要的监管职责包括但不限于：（1）监督地方政府落实《规范中欧班列财政补助的政策意见》，逐步减少补贴。帮助各地政府贯彻“引导为主”的方针，减少政府对市场的干预，助力地方政府营造公平开放、竞争有序的市场环境。（2）监督运营企业定期披露重要指标，确保各地班列公平有序竞争。运营企业的合规运营和有序竞争是中欧班列向好发展的重要基础。监管部门应要求各平台企业定期披露有关指标，以备查验。同时监管市场行为，对过分压价等恶性竞争行为予以警告或处罚，培养企业公平竞争意识，创造良好市场氛围。（3）组织巡视组定期巡视，深入了解各平台运行情况。建议监管部门成立巡视组，进驻各班列开行城市地方政府和班列运营公司对中欧班列项目开展专项调查和巡视，对违法乱纪行为予以整治，维护透明公平的中欧班列市场。

以上建议旨在帮助各中欧班列平台在更明确、有效率的规划下，在符合规模经济的区间内运营，并逐步实现盈利。此外，在中国铁路总公司和财政部等部门的联合监管下，地方政府和班列运营企业的不良行为能得到有效遏制。在国内良好的市场环境下，中欧班列的运行将会越来越透明、越来越规范、越来越有竞争力，境外合作国家也将对中欧班列给予更高的评价，更积极地参与“一带一路”倡议。

（三）构建综合评价体系　推动班列深刻质变

如前文所述，现阶段中国各条中欧班列线路均呈现“粗放式”发展。各地多以规模为导向，过度聚焦于发班列数、规划线路数等表面指标，而忽略班列发行质量，而质量往往是班列长久发展下去的源泉。此外，行业内更是缺乏明确的行业规范和约束，也因此出现诸多恶性竞争局面。为了中欧班列各条线路能够规范化发展，以中国铁路总公司为代表的有关部门可尝试通过建立一系列量化指标形成一套评价体系，并强制要求各班列公司定期披露于某一固定行业监管平台，借此对班列平台的运营情况进行社会监督。

《中欧班列发展建设规划（2016—2020）》中明确表示中欧班列平台建设的总体指导思想是“以提高发展质量和综合效率为中心，以优化服务、提供有效供给为主线”。在该总体方针的指导下，各班列平台公司在运营过程中应将工作重点聚焦于提高班列运输综合效率，以班列为中介为沿线国家和地区提供有效供给，并努力为客户提供最优质的服务。因此，在建立量化指标时应主要聚焦于综合效率、有效供给和服务水平等三个方面。

第一，综合效率指标。综合效率指标是用于评价班列运行数量、运行速度的指标，是描述班列运行状况最直观的指标，同时也是现阶段各线路中欧班列披露情况较好的指标。

主要包括：(1）发送班列数及每班列集装箱数：从始发地发往目的地的班列总数，以及每班列所运载的各集装箱型号及数量统计；(2）回程班列数及每班列集装箱数：从境外城市返程的班列总数，以及每班列所运载的各集装箱型号及数量统计；（3）运输总耗时：中欧班列从起点站到终点站的总运输时间，包括运输过程中的换轨、通关、停留等时间。

第二，有效供给指标。有效供给指标是用于描述每趟中欧班列承载能力、运输能力的总体效率指标。通过研究有效供给指标可以清楚地观察出一趟班列的货物装载情况，便于监管者对班列及其相关资源的利用效率做出评判。

主要包括：（1）每列运输总货值：包括去程和回程的每趟开行班列所运输的全部货物的货值；（2）单个平均集装箱货值：用每列运输总货值除以每列集装箱数可得；（3）单个集装箱满载率：以国

际运输中采用最多的 40 英尺标准集装箱为例，其容积最高可达 67. 96 立方米，载重最高可达 26. 68 吨。根据两种容装极限，衍生出两种装货运费收取标准——按体积收取如箱包服饰等，和按载重收取如重型机械等。运营平台需要根据收费标准披露满载率即：实际装载体积（载重）除以最大容积（载重）；（4）重箱率：假设规定 α 为符合重箱标准的满载率下限。重箱率即为全部运输集装箱中达到重箱标准（满载率≥α）的集装箱所占比重。

第三，服务水平指标。

主要包括：（1）安全事故数：因货物自身安全问题不合格、货物装载不均匀加固不善或集装箱破损等原因导致班列正常运输受到严重影响的行车事故数；（2）货物偷盗事故数：列车所运载的货物发生失窃或损坏的次数；（3）货物保险理赔业务数：列车所运载的货物中购买保险的货物比例以及实际理赔情况披露。

除上述指标外，还可针对不同班列运营公司所在地特点、运输货物特点等设计其他有针对性的指标来更全面地量化各线路班列的运营情况。

通过建立一套清晰的量化评价体系，并要求各班列公司将指标透明化，有助于直观了解各班列实际运营情况，并可逐步了解中欧班列的有效需求。这有利于监管机构对运营机构进行引导和监管，避免班列公司过分关注于某些片面指标，忽略中欧班列高质量发展的真正目标。

结　论

中欧班列的开行对满足中国与亚欧大陆其他国家间日益增长的

进出口货物运输需求，促进沿带沿路各国——尤其是中亚和中东欧国家——基础设施互联互通建设，提升沿线国家经济贸易合作水平，激发丝绸之路经济带协同发展潜能有重要作用。中欧班列像一条沿亚欧大陆桥穿行而过的“黑丝带”，将沿线各个国家更加紧密地联系在一起，齐力建设“带路共同体”。历经十年的发展，中欧班列无论是在推动中欧国家间贸易还是刺激当地经济发展等方面的确有较强的积极作用。但我们也需要正视线路规划低效、政府补贴过度和班列质量下降等问题，可尝试通过完善顶层设计、架设监管机构、构建量化指标等方式来推动中欧班列进一步稳定向好发展。

参考文献

［1］梁建伟：“中欧班列的运行现状及建议”，《广东经济》2019 年第 3 期。

［2］张文、秦胜、彭乾、秦欢欢：“关于建立中欧班列质量评价指标体系的探讨”，《铁道运输与经济》2019 年第 3 期。

［3］董华英、吕宏芬：“一带一路”倡议下“义新欧”班列运行的问题及措施”，《北方经贸》2018 年第 12 期。

［4］马斌：“中欧班列的发展现状、问题与应对”，《国际问题研究》2018 年第 6 期。

［5］王硕：“基于一带一路倡议的中欧班列发展研究”，大连交通大学学位论文，2018 年。

［6］王菲：“面向“一带一路”的国际铁路通道布局研究”，《铁道运输与经济》2018 年第 4 期。

［7］王德占：“2017 年中欧班列的主要特点与存在问题及 2018 年中欧班列发展建议”，《大陆桥视野》2018 年第 2 期。

[8] 赵鸣、徐洪绕："'一带一路'节点城市中欧班列运行均衡化问题前瞻研究"，《大陆桥视野》2017 年第 8 期。

[9] 王杨堃："关于新时期中欧班列战略功能定位的思考"，《大陆桥视野》2017 年第 5 期。

[10] 王艳波："中欧班列建设发展规划研究"，《铁道运输与经济》2017 年第 1 期。

文化贸易背景下的文化产业金融制度创新思考

赵　桐*

随着国家间经济与人文交往的加深，文化贸易已逐渐成为国际贸易中的重要组成部分。根据联合国教科文组织《2004—2013 文化产品与服务的国际流动》报告，文化贸易呈现无视经济周期性波动的特性，从 2004 到 2013 年，文化产品的贸易额实现翻一番的增长，达到 212.8 亿美元。而到 2019 年的今天，这一数据更是有了大幅的增长。尽管这中间存在统计口径的差异，但谁都无法否认文化产品的贸易在当下全球经济中扮演的重要角色。如何进一步创新金融制度以更好地服务文化产业的发展值得思考。在此，本文将以中国文化产业金融制度建设为主题，借助对金融制度创新的探讨，抛砖引玉，以期对促进"一带一路"沿线国家的文化贸易有益。

---

* 赵桐，硕士，副教授，成都中医药大学马克思主义学院教师，主要从事法律制度、医事法学等方面的研究。

一、文化贸易的重要性日益突出

中国作为四大文明古国，拥有非常丰富的文化资源。同时，中国作为全球第二大经济体，多年来一直是文化贸易中的重要角色。根据《2004—2013 文化产品与服务的国际流动》报告，中国已经超越美国成为文化产品的最大出口国。2013 年，中国的文化产品出口总值达 60.1 亿美元，比美国的 27.9 亿美元高出一倍多。从数字上看，中国已经成为文化贸易的大国。[①] 尤其是"一带一路"倡议的提出，为沿线国家的文化交流和贸易带来更多的机会。大量的资本进入文化产业，投资的领域从传统的文化工艺品延伸到数字产品、文化服务等各个方面。据 2017 年的统计数据显示，我们与"一带一路"沿线国家的文化贸易总额达到 176.2 亿美元，增长 18.5%，占比提高 1.3 个百分点至 18.1%。[②] 同时，文化贸易作为"一带一路"沿线国家开展国际交流合作中的重要内容，也对各国间加深认识、增进互信、丰富生活起到积极作用。

但与此同时，必须清醒地看到我们在对外贸易方面还存在不足，尤其是缺乏核心产品，而且在文化服务领域竞争力不强，存在较大贸易逆差。对照国务院 2015 年《关于加快发展对外文化贸易的意见》以及文化和旅游部《"一带一路"文化发展行动计划（2016—2020 年）》等相关文件的要求，我们还需要不断进行制度创新，大

---

① 唐元恺："中国文化与世界对话"，《今日中国》2016 年第 5 期，第 68 页。

② "去年我国与"一带一路"沿线国家文化产品进出口额增长 18.5%"，百度网，2019 年 11 月 20，https://baijiahao.baidu.com/s?id=1591917522822459804&wfr=spider&for=pc。

胆突破，重点提升核心文化产品的竞争力，实现文化产业各版本的均衡发展，不断提升文化服务、数字文创等产业的比重，而这就需要在深刻把握“一带一路”沿线国家市场规律的基础上，创新金融机制，加大金融对文化产业的支持，深化与沿线国家的文化产业贸易与合作机制。

二、“一带一路”沿线国家发展文化产业的经验

“包容、开放、共享”是“一带一路”沿线国家多年经济文化交流中最显著的特色。这种显著的特质使得各国相互取长补短成为可能。事实上，有的国家在发展文化产业、提升文化贸易方面取得不俗的成绩，可供参考。这里主要介绍新加坡和韩国两个国家的相关经验，因为这两个国家经济都具有鲜明的外向型特色，同时又受中国传统儒家文化的影响，这对于中国思考在与“一带一路”沿线国家加强文化贸易往来具有积极的参考意义。

新加坡由于其独特的发展理念，在文化产业的发展方面取得不小的成绩。在经历了多年的经济高速发展后，新加坡在 1998 年亚洲金融危机后，将“创意产业”提升到前所未有的高度，作为其新世纪的经济增长引擎之一。新加坡还高度重视文化和艺术的作用，把文艺与创意产业紧密结合，并提出要把自身建设成为一个充满文艺的地方。2000 年 3 月，《文艺复兴城市报告：文艺复兴新加坡的文化与艺术》发布。此后，新加坡根据具体情况将发展创意文化产业重点锁定在以下三个领域：文化艺术、设计和媒体。为了推动这三个领域的发展，政府出台了详细的《文艺复兴城市 2.0》规划、《设计

新加坡》规划和《媒体21》规划，明确了政府、社会、资金等各自的角色和作用。这些规划的实施要点均强调政府的支持。无论是政策还是资金，政府均发挥了重要的作用。比如，2003年到2008年之间，新加坡政府就为创意产业投入了近2亿新元，吸引全球各种资本到新加坡投资发展创意产业，帮助创意公司在当地产业园落地，并积极协助其拓展海外市场。同时，政府还大力加强人才的引进和培养工作，为人才培养设立专门的基金。①

与新加坡情况类似，韩国也是在遭遇了1998年亚洲金融危机后，重新认识到文化产业的重要性，并将文化产业上升到21世纪国家战略的高度予以重视和培育。从这以后，"韩流"成为全球文化贸易中一道亮丽的风景线。2001年8月，韩国文化内容振兴院成立；2009年5月，依据《文化产业振兴基本法》第31条，韩国进一步创新工作机制，集中和整合相关资源以更高效地推动文化产业的发展。比如新建的韩国文化产业振兴院就吸收合并了之前各自为阵的韩国广播影像产业振兴院、韩国文化内容振兴院、韩国游戏产业振兴院、文化产业中心、韩国软件振兴院、数字化文化产业团等。通过这种方式，韩国实现了全国文化产业领域核心因素的有机整合，搭建了更加丰富的产业体系与政府配套制度，为后来韩国文化产业的快速发展奠定了坚实基础。根据韩联社的报道，韩国2017年文化产业出口68.9亿美元，同比增长14.7%。根据韩联社2019年7月29日的报道，韩国2018年文化产业出口95.5078亿美元，同比增长8.4%。②

---

① 庞英姿："新加坡文化产业发展的经验及启示"，《东南亚南亚研究》2013年第4期，第79页。

② "2017年韩国文化产业出口68.9亿美元，同比增长14.7%"，新浪网，2019年11月20日，http：//finance.sina.com.cn/7x24/2018-05-15/doc-ihapkuvm2665378.shtml。

韩国发展文化贸易之所以取得如此的成绩，同样离不开政府对该产业的大力支持。早在1998年，韩国政府就把文化产业作为新世纪的国家经济战略支柱产业，提出“韩国文化世界化”的口号，并将文化与经济紧密结合，将文化产业的国际化市场作为推动自身经济的新动力，同时在政策、法律、金融等方面给予全方位的支持。政策方面，韩国政府先后出台《文化产业发展五年计划》《21世纪文化产业前景》和《文化产业发展推进计划》等一系列文化产业文件，明确了文化产业的战略地位，强调政府支持的力度。同时，设立文化产业振兴院这一专门的机构，推动产业布局的实施。法律方面，为了保障文化产业的发展，先后出台了《文化产业促进法》《保护电视电影法》等法律法规，保护了文化产业参与主体的权益，规定了相关各方的义务。[①] 金融方面，政府加大投资力度，文化产业方面的投入逐年增加，并有效带动社会资本的后续进入。为了帮扶各地文化产业的发展，政府还先后投入160亿韩元在釜山等地建立了“文化产业支援中心”。这种地方性文化支撑机构的设立，完善了整合文化产业资源的机制，促进了各种资源的有机整合。这种整体配合的战略思维非常成功，其在市场的表现往往就是一部韩剧带动服饰、餐饮、旅游等一系列产业。[②] 另外，政府对文化产业提供资金支持还体现在，即便在金融危机之后，韩国政府仍为文化部门增加预算，为相关企业提供税收优惠、无息贷款等。

---

① 隋婧：“韩国文化贸易成功经验及其启示”，《合作经济与科技》2016年第22期，第98页。

② 王亚丽：“韩国影视文化贸易的成功机制及启示”，《山西能源学院学报》2014年第27期，第219页。

三、我国在文化产业金融制度创新方面的现状

“一带一路”为全球自由贸易带来新的理念，得到沿线国家的广泛支持。伴随着中国与这些国家经济活动越来越频繁，中国文创企业与它们的文化交往和文化贸易也呈现快速增长的态势。

国家层面，积极搭建平台，营造良好的文化营商环境。国家先后出台了《“一带一路”文化发展行动计划（2016—2020年）》等，强调国家相关部门为文化产业提供税收、“走出去”、金融、法律等方面的保障和支持。

地方层面，各地积极发挥能动性。在国家相关战略出台后，各地政府也积极响应，纷纷加大对文化产业的投入，不断探索新的发展道路。比较典型的有上海的“长三角文化金融服务平台”、北京的文创“政策50条”等。长三角文化金融服务平台由上海、南京、杭州等长三角地区几个城市于2018年11月30日在首届长三角文化金融合作论坛上共同签约建立。该平台依托上海联合产权交易所为长三角文化企业和文化产业项目的发展提供专业服务和支撑。目前，该平台已收集60多项优质的文创项目。后续，平台将为这些项目提供信息、融资、上市等方面的金融服务。如此良好的土壤，必能孕育出优秀的文创项目。

北京的文创“政策50条”是指北京市政府部门2018年6月出台的《关于推进文化创意产业创新发展的意见》中具体而细化的50条政策。这些政策集中体现了地方政府在支持本地文化产业发展中能够实施的具体措施，值得借鉴。除了强调和细化了政府对于文化

类各企业的认定、补贴和支柱方案，政策还在金融创新方面有较大的突破。政策考虑到文化企业发展的融资全环节，从日常经营融资、评估费用、利息成本、上市成本、担保费用等金融全环节均能使得符合条件的文化企业得到补贴、优惠或奖励，从而降低企业的金融成本。

正是在国家和各地大力的支持下，近年来我国对外文化贸易持续高速增长，呈现出良好的发展势头。正如上文提到的，从相关部门公布的统计数据看，我国的文化产品出口连续多年位居世界前列。除了传统文化工艺产品外，中国自主研发的网络游戏产品、网络小说等文化产品在海外的销售情况喜人，在所有文化产业门类中是增长最快的。而与文化产品出口多年以来的高速增长形成对比的是，中国文化服务出口一直是一块短板。

同时，将文化贸易的数据与整体对外贸易数据对比来看，尽管中国已成为全球经济发展最快、国际贸易中最重要的国家之一，然而与此形成鲜明对比的是，我们在文化贸易方面较大幅度滞后于对外贸易的总体增幅，而且在主要的文化贸易细分行业存在逆差，缺乏有竞争力的产品，处于明显的劣势。综合分析来看，其背后的深层次原因主要体现在以下两个方面：

一方面，文化服务贸易与文化产品不同。文化产品有具体的可衡量的实体产品做支撑，方便金融服务机构估值，风险更容易评估，进而金融服务机构更愿意投入资金支持。而文化服务则是无形资产，其价值不好评估，贬值的风险不可控，导致金融机构不太愿意投入太多。[1] 此外，国内相关制度配套还不完善，因此国内文化产业庞大

① 马筱青："文化产业的金融创新——以北京银行为例"，《商》2015 年第 27 期，第 275 页。

的资金并没有在这个领域有太多作为。

另一方面，文化产业各环节互动不够，效率不高。近年来，尤其是"一带一路"倡议提出后，我国加大了在沿线国家的政治、经济、文化投入。国家领导人也多次出访或举办相关论坛等来加强各国间的良好关系。中国正成为吸引这些国家民众的一个"金字招牌"。但是除了经济合作项目不断落地外，鲜有文化项目尤其是文化产业相关项目落地。这很大程度就在于国内的文化产业还缺乏各环节的互动，各细分产业和企业之间的配合效率低，不能抓住国家推动文化交流后的市场契机，没有以一种市场化的方式来整合相关资源，导致经济效益低下，没有将国外对于了解中国文化的渴望转化为市场需求和经济效益，也反映出国内文化产业链的不足。

综上所述，在"一带一路"倡议背景下，中国的文化贸易还有很大的潜力可以挖掘。文化产业完全应该成为未来国家经济的支柱之一，同时为提升国家软实力和促进"一带一路"倡议沿线国家民心交往助力。如果没有金融等制度创新，我们可能会继续走追求数量的低水平发展道路——文化产品大量出口，但中国文化印记却严重缺失。

四、"一带一路"背景下的文化产业金融制度创新思考

"一带一路"提倡"开放、包容、共享、均衡"，为经济全球化带来了新的理念。这种理念不同于过去单纯追求效益最大化的金融逻辑。这就为建立"一带一路"倡议背景下的文化产业金融制度提供了良好的契机。这种金融制度虽以支持文化企业的发展为出发点，

但更多强调的是一种大公无私似的共赢。这种共赢就是“一带一路”沿线国家之间的文化交往和民心相通。可见，一个国与国之间相互信任和团结的“一带一路”经济圈会提供更多的贸易机会，带来更多的就业机会，制造出一个更加辉煌的文明。在中国与“一带一路”沿线国家和地区已经取得各项加强文化交往机制和制度保障的基础上，为了进一步深化“一带一路”沿线各国之间的文化深度合作，提升文化企业的竞争能力，拓展文化贸易渠道，我们可以在金融制度方面做如下尝试，以更好地促进文化贸易的发展。

第一，文化产品或项目的价值判断应从简单的价格高低转变到文化影响力大小。

首先，文化产业的核心是文化创意和服务。其产品只有具有文化上的独特性才能得到市场认可，而这往往需要前期长时间的积累和大量的投入才有可能获得，由此其盈利模式比较特殊、周期长、不确定性大。加之，大量文化企业规模不大，相对分散，使得其在金融市场上不具备吸引力。现在金融市场上，资本往往青睐那些具有一定品牌影响力、能够提供抵押担保的项目。但现实的情况却是大量的文化企业拥有的是文化创意、知识产权、专项技术等无形资产。与房屋、土地、汽车等有形资产不同，在金融市场上这些无形资产的价值在现有制度下存在评估难和变现难的问题，加之文化企业容易受政策性和市场变化的冲击，抵御风险的能力差。文化企业或项目这种前期投入大、资金回笼周期长、市场不确定性强、投资回报率不稳定的属性，使得其不怎么受传统金融主体的青睐，投资风险高。①

① 徐鹏程：“文化产业与金融供给侧改革”，《管理世界》2016 年第 8 期，第 19 页。

其次，要改变文化产品和项目的价值判断标准。我们不能用传统的金融理念来对待文化产品或项目，看其资产是否足够弥补风险，而是要从文化的层面看其产品或项目是否具备独特性、创新性、吸引力和竞争力。中国文化“走出去”就是要增强中华文化的亲和力、感染力、吸引力、竞争力，向世界阐释、推介更多具有中国特色、体现中国精神、蕴藏中国智慧的优秀文化，提高国家文化软实力。以这个目标为导向，我们应该以文化影响力作为衡量文化产品和项目价值的标准。有了这个标准，国家除了给予文创企业适当的税收及经营上的扶持外，重点就是以文化管理部门为核心打造国家文化产品评估中心和国家文化产品担保机构。有了这两个机构作为基础，相信现有的各类金融资源和机构都可以在此基础上发挥主观能动性，为文化企业做大做强助力。

国家文化产品评估中心作为官方打造的一个第三方评估中心，将聚集各文化领域的专家。这里的专家不仅包括文化方面的专家，还应包括文化经营管理方面的专业人士和金融专家以及“一带一路”沿线国家的专业人士。国家对于评估中心给予一定的经费支持以保持其客观公正。在此基础上，该评估中心接受全世界范围内的文化产品评估申请。经过评估后，给予其一定的等级认定，并将高等级的产品直接推送国家文化产品担保机构。该机构同样是由国家经费资助。根据不同的产品给予不同金额的国家信用担保。经过这两个机构认定的产品或者项目再到金融市场去，相应就会更容易得到金融机构和资本的追逐。

第二，将文创与中国制造紧密结合，提升竞争力，实现双赢。

将文化与创意融入到中国制造的商品，覆盖商品设计、包装、宣传、售后等全过程，提升中国制造的文化升级。正如上文提到的，文化企业缺乏有形资产导致其在金融市场受挫。那么在我国产业转型的当下，是否可以考虑国家出台相关的政策引导文化企业与传统制造业的结合。整合文化创新的能力和传统制造业的优势，将文化创意设计与元素融入传统商品的制造中，将产品的创意品质和文化附加值作为金融市场的一个固定的评估部分。这种有形资产与无形资产相结合的方式能够提高文创企业在金融市场上的竞争优势，从而获得更多的金融资源，促进自身的发展。“中国制造”已成为一个国家认可的标签。利用好这个标签，将文化创意与“中国制造”相结合，让更多的“中国制造”转化为“中国创造”和“中国创意”应该大有可为。同时，传统制造业与文创的结合也能实现资源的整合，正如韩剧强劲的带货能力一样。从金融资源的获取上来讲，这种结合能够为文创企业提供信用的加持。而这种跨界的合作，国内已经有成功的先例。比如，故宫的系列文创产品一经推出就受到市场的热捧，故宫系列的口红甚至一度成为现象级的“网红”。金融是现代经济的核心，能够最大程度地整合各种资源和信息。相信文创与“中国制造”的融合将成为金融市场的一片蓝海，未来潜力很大。

第三，必须引入大数据、区块链等互联网技术，让互联网技术参与到文创产业的全流程。

近年来，互联网技术发展迅猛，技术的提升也催生了很多文创产品，尤其是电子游戏等电子产品。而对于整个文化产业而言，互联网技术的应用也非常关键。当下，金融机构不愿意向文化企业投入资源的原因之一就是创意等无形资产容易被侵权。互联网最新的技术已经可以比较容易地解决这个问题。比如西南财经大学与成都九宽科技有限公司联合推出的“像素蜜蜂”这一数字内容版权保护产品平台，只要上传相关的图片就能够在短时间内进行存证，从而为打击和保护知识产权提供有效的武器。这个平台的成功推出展现了区块链技术在版权保护方面的广泛应用前景。同样，互联网技术在金融领域的应用也取得重大突破。

相应地，基于新一代互联网技术的文化产业和金融行业能够找到适合“一带一路”的“互联网＋文化＋金融”模式。拓展对外文化贸易发展渠道，改变文化创作、传播的方式，产品和服务交易的模式。这种新的模式将打破时空的限制，颠覆传统的文化产业生产和消费方式。新一代互联网技术与文化产业和金融行业的有机融合也将为“一带一路”国家文化行业发展带来更多的机遇，为文化行业注入新的动能。

参考文献

［1］唐元恺：“中国文化与世界对话”，《今日中国》2016 年第 5 期。

［2］庞英姿：“新加坡文化产业发展的经验及启示”，《东南亚南亚研究》2013 年第 4 期。

［3］隋婧：“韩国文化贸易成功经验及其启示”，《合作经济与科技》2016 年第 22 期。

［4］王亚丽：“韩国影视文化贸易的成功机制及启示”，《山西能源学院学报》2014 年第 27 期。

［5］马筱青：“文化产业的金融创新——以北京银行为例”，《商》2015 年第 27 期。

［6］徐鹏程：“文化产业与金融供给侧改革”，《管理世界》2016 年第 8 期。

区域合作文化产业基金的构想与可行性分析

赵　桐[*]

在美国等国家积极推动“贸易摩擦”及贸易保护主义抬头的当下，“一带一路”倡议有如一股清流为世界经济发展带来新的理念。该倡议自提出以来，得到沿线国家越来越多的认同，有关国家的参与度也不断提高。从基础设施的联通到资金方面的融通，沿线国家共建“一带一路”取得明显成效。从倡议提出到2018年，中国企业加大了对沿线国家的投资力度，仅直接投资就超过900亿美元。为了便于资金融通，各国间积极配合，截至2018年，中国与超过27个国家核准了《“一带一路”融资指导原则》。这些原则的达成，为各国金融机构之间开展双边或多边投融资提供了便利和保障。同时，人民币跨境支付系统业务范围已经覆盖近40个沿线国家和地区，使得“一带一路”文化产业基金的构想成为可能。

“一带一路”宏伟蓝图的实现离不开沿线国家民众的拥护和支

---

* 赵桐，硕士，副教授，成都中医药大学马克思主义学院教师，主要从事法律制度、医事法学等方面的研究。

持。而“一带一路”倡议所独具的包容性和开放性特色，追求“各美其美，美人之美，美美与共，天下大同”的境界，使得沿线国家之间更多的是一种共赢而非竞争关系。这样一种内在气质使得文化贸易和投资成为推动沿线国家增进了解、民心相通的重要组成部分。因此，本文提出的“一带一路”文化产业基金的构想，不同于传统的以营利为目的的产业基金，更强调充分发挥金融在文化产业中的重要作用，调动各方积极性，形成文化交流、文化传播、文化贸易协调发展态势，将“一带一路”建设成为一条传播文明、实现人类命运共同体和共建地球美好家园的发展之路。在此基础上，本文提出设立“一带一路”文化产业基金的构想并就其可行性进行分析。

一、国家推动文化贸易的现有举措

举措一是政策上高度重视，积极搭建会展等平台进行推广。国家高度重视文化贸易，积极通过各种政策、发布会、会展等手段宣传文化产业，为文化产业营造良好的发展氛围。近年来，各地纷纷举办“一带一路”文化产业类会展等活动，有的还专门开辟“一带一路”展区，让更多企业和人士了解文化产业的广阔前景。比如第14届中国（深圳）国际文化产业博览交易会、第13届中国（义乌）文化产品交易会等，都将“一带一路”作为重要版块，为沿线国家的艺术、创意、传统手工艺、非物质文化遗产、人文旅游等内容的宣传推广提供平台，让更多的人了解这些文化及衍生出来的产品，并期待不同的文化在碰撞中产生更伟大的创新。这些会展活动不仅让各国文化产业得到了更好的交流，也集聚了人才和资本，推动了更多的项目落地。

举措二是加大人才培训力度，提升文化产业竞争力。经过精心选拔，由文化和旅游部在全国范围内遴选出来的2018年“一带一路”文化贸易与投资重点项目名单一经公布就引起社会的广泛关注。该份名单呈现出涉及范围广、领域宽的特点。从南到北，自西向东，各地有文化特色的项目都有入选，覆盖面向“一带一路”沿线国家的数字文化产业营销推广、文化创意和设计产业营销推广、演艺、工艺、美术、文化、旅游七大领域。这些具有典型意义的项目若培育成功，必将对推动文化产业和贸易起到积极作用。为了推动联动整合、融合创新，支持入围项目的发展，中央文化管理干部学院还专门举办“一带一路”文化贸易与投资重点项目负责人研修班。通过研修班的形式，将相关政策、业务操作实践、成功经验交流等融合创新，既培养了文化产业和贸易亟须的高层次人才，也为后期文化产业的竞争力提升奠定了基础。

在国际交往和贸易中，企业需要投入大量的成本去研究相关国家的风土人情、经济社会发展、法律法规等等，甚至很多企业还因为对国外市场的不熟悉而栽了跟头、吃了亏。国内的文化企业需要专业的引导，需要与国外市场的资源有效结合，而这何尝又不是沿线国家文化企业的呼声？无论是搭建会展还是开展研修班，其背后的逻辑都是资源和信息的再整合。

二、国内产业基金的探索

2018年11月在上海举办的第一届“长三角文化金融合作论坛”

上，来自长三角地区的各方提出建立“长三角文化金融合作服务平台”，共同推进三省一市文化金融的经验交流与合作，促进信息、资金、人才等在长三角地区的自由流通。该平台依托上海联合产权交易所，为文创项目与金融资本之间搭建直接的交互机制，通过专业化的金融服务，为文创企业提供前期策划、后期包装等全方位服务，让金融资本融入文化产业的全产业链，将整个长三角地区的文化产业经济提升到新的发展高度。

上海是全国的经济和文化中心，而长三角地区自古以来就是人文气息浓厚、物产丰富之地，其文化企业数量明显高于其他地区。同时，地区经济的发达使得文化企业能够较为方便地从基金、债券、众筹、上市等渠道获得融资。文化产业的金融市场相对成熟，领先优势依旧明显。这次“长三角文化金融合作服务平台”的建立是区域间文化产业金融制度一次重要的探索。

除了这种区域性整合的金融服务平台，各地还积极探索设立产业基金帮助本区域企业“走出去”和引进国外优质项目。比如，广州的中欧“一带一路”产业基金。该基金是由当地政府与社会资本联合发起，预计规模超过 100 亿，主要用于“一带一路”沿线国家产业及基础设施项目的投资，推动产业合作和发展的要求，但这些产业都要符合广州当地产业发展。除了将医疗健康、电子信息等符合广州开发区发展战略的产业引入广州外，该基金还负责为本土企业“走出去”助力。与之类似，广西也设立了广西东盟“一带一路”产业投资基金。该基金由国家开发银行全资子公司国开金融公司与广西投资集团、新加坡大华创投、法国凯辉资本四方在广西南宁发起设立，总规模 100 亿。该基金完全市场化运作，主要服务于广西与东盟国家和地区之间的产业“走出去”和“引进来”。这是一种互利共赢的双向交流模式，必将使得广西与东盟国家和地区间的交往更加深入。

除了上述基金外，北京、成都等地也结合自身的情况，推出相关的产业基金版本，以期推动当地文化产业的发展优势。不管是从国内的探索还是国外经验来看，“一带一路”金融合作具有松散约束的特点。[①] 这个主要特点决定了相关的跨国金融机构的体系搭建必须考虑各个利益主体的诉求，权衡各个参与主体的经济和文化发展水平，考虑出台的政策在各国家和地区的实施可能性。基于此，笔者考虑对美联储早期的制度架构进行研究和反思，讨论“一带一路”文化产业基金的构想及可行性。众所周知，美国是一个联邦制国家。各州保留了相对较大的权力。美联储作为美国的中央银行，是对美国乃至全球经济有着重大影响力的金融机构。美联储自成立以来，经历了多次的战争和经济危机，却能够让美国经济承受住考验，并不断在全球范围内“薅羊毛”。如何推动美联储系统在全美范围内的落地、开展业务并最终成长为经济活动中的核心，其背后的逻辑值得我们深思。

三、“一带一路”文化产业基金构想及可行性分析

“一带一路”文化产业基金由“一带一路”沿线国家及地区的文化及金融机构投资认股成立，主要为文化产业发展及贸易全链条提供包括投融资、保险、基金、债券等全方位金融服务。我们必须

① 汤柳：“‘一带一路’金融合作需要提升的四个方面”，《银行家》2016 年第 3 期，第 71 页。

看到“一带一路”沿线国家及地区无论是在经济还是文化方面都存在一定的差异。在文化贸易中，有的处于贸易逆差地位，有的则是贸易顺差；有的国家文化产业发达，有的国家文化产业则相对落后。如果任由市场发挥作用，可能存在的一种现象就是强势的文化产品抢占劣势文化产品的市场份额，甚至出现劣势文化消亡的情况。这显然不利于各国的文化多样性和交流。因此，设立“一带一路”文化产业基金就是为了促进各国文化产业的交流，在交流中提高各国的文化产业实力。文化贸易需要各参与国文化及金融机构的协同努力，共同为文化贸易提供便利的金融环境。但若是以不同的文化及金融机构为主体提供不同的服务，则会导致其因立场不同而采取不同的经营策略。“一带一路”文化产业基金的成立则整合了不同文化及金融机构的共同利益——只要产业基金业务开展得好，作为股东的他们都可以分享利润。

美联储的制度架构与这种制度设计逻辑一样。从美联储早期的发展来看，这种制度设计对于平衡各地区的利益发挥了重要作用，保证了美联储系统在全美国的迅速建立。1913 年《联邦储备法案》开创了一种新的中央银行制度。根据 1913 年《联邦储备法案》的规定，财政部长、农业部长、通货监理官组成筹备委员会，负责联邦储备体系的筹建工作。该委员会将美国大陆地区划分为 8—12 个区划，并通知该区划内的银行机构按自身资本总额的 6% 认购本地区联邦储备银行的股份并成为会员银行。会员银行将一定比例的存款作为储备无息存放在地区联邦储备银行，以备不时之需。地区联邦储备银行负责管理辖区内会员银行的储备，为这些会员银行提供贴现等服务，是银行的“银行”。

“一带一路”沿线国家的文化与金融制度差异较大，而且由于各国对于金融机构的法律管制相对较为严格，对于非本土金融机构的营业限制也较多，因此针对一些法律管制范围内的业务，可以考虑由作为“一带一路”文化产业基金股东的金融机构以会员身份开展。这样就为“一带一路”文化产业基金拓展业务范围减少了阻碍。关于区划问题，则可根据与中国签订自由贸易协定的不同国家及地区为参考，以便更有针对性地开展工作。

而在会员的监管方面，可从1933年6月16日《1933年银行法》颁布前后的美联储变化看到类似的情况。① 在该法颁布之前，各地区联邦储备银行在发放贷款方面拥有很大的权限。该法案修订了联邦储备法案第4条的规定，强化了联邦储备委员会对联邦储备银行信用的控制。其中最明显的就是该法规定各联邦储备银行要严格履行联邦储备委员会及相关法律法规的要求，审慎经营，确保自身的稳定性，注重金融业与商业、农业等经济领域的协调发展。该法还要求各联邦储备银行要随时掌握其会员银行的资产负债情况及重大的业务活动。在发现会员银行有滥用贷款权力时，应及时上报联邦储备委员会。委员会经过调查后，有权吊销其会员资格并进行相应的处罚。同时被修订的还有联邦储备法案第11条。该条规定在得到六张赞成票的情况下，允许联邦储备委员会规定各联邦储备地区内各银行能够用于发放证券与债券贷款的资金比例。这就避免了银行资金大量流入证券市场和债券市场，导致泡沫的产生，危害实体经济。可见，为了保证“一带一路”文化产业基金发挥其促进文化产业的作用，可以通过限制会员资格等手段，保证其开展的业务都是为了促进文化产业的发展和各国间文化产品的自由贸易，而非资金转移

① Federal Reserve Board, *20th Annual Report of The Federal Reserve Board Covering Operations For The Year 1933*, Washington, D. C.: Federal Reserve Board, 1934, pp. 40 - 49.

或者逃避税收等。若发现会员没有尽到谨慎义务，“一带一路”文化产业基金的中央管理机构则可以对其进行纠正并对业务开展进行指导或限制。

在业务的开展方面，“一带一路”文化产业基金采取公司化经营，严格区分股东会、董事会、经营管理层的权责。同时，为了保证业务的顺利开展，还设立咨询委员会。这主要是因为文化产业不同于其他产业，文化的评估和理解需要专业的人士。这些咨询委员不仅要有文化人，还要有懂金融和法律的人才，这样才能保证相关政策有效实施。这与美联储设立联邦顾问委员会类似。美联储联邦顾问委员会由各地区联邦储备银行各自推荐一人共同组成。该委员会每年至少在华盛顿会晤四次。其有权就当下经济形势与联邦储备委员会进行沟通商讨，并就贴现率、公开市场操作、联邦储备券的发行、黄金及证券的买卖等与联邦储备系统有关的问题发表意见和建议。[①] 这种制度安排不仅使得美联储出台的政策更加可行与准确，也使得各地区的利益诉求能够通过这个会议得到表达。同时，法案规定地区联邦储备银行董事会由三名参股银行的代表（A 类）、三名工农商界的代表（B 类）及三名由联邦储备委员会（C 类）指定的公共利益代表组成。各地区联邦储备银行的行长只能从 C 类委员中产生。通过这样的安排，美国联邦储备系统的制度设计能够平衡各方利益，将美国社会各方面的资源都整合到美国联邦储备系统中来，为美联储今后的发展及其政策目标的实现奠定了基础。[②] “一带一路”文化产业基金咨询委员会也将广泛吸收来自各界的有识之士，

---

① Federal Reserve Board, *1st Annual Report of the Federal Reserve Board for the Period Ending December 31, 1914*, Washington, D. C.: Federal Reserve Board, 1915, pp. 25－43.

② Federal Reserve Board, *1st Annual Report of the Federal Reserve Board for the Period Ending December 31, 1914*, Washington, D. C.: Federal Reserve Board, 1915, pp. 25－43.

通过定期的会议和讨论，为沿线国家的文化产业及贸易的发展做出准确的评估和建议。

根据规定，美联储公开市场委员会由12家联邦储备银行各指派一人构成。公开市场委员会应每年召开不低于四次的会议。联邦储备委员会各委员有权参与会议。会议做出的决定对每个联邦储备银行有效。联邦储备银行可以选择不采取会议决定的方式，但是若要采取公开市场操作，则必须遵守会议的决定，不能违反决议的要求。① 1934年6月19日，法案新增了联邦储备法案第13B条款。该条款规定在特殊的情况下，经联邦储备委员会同意后，联邦储备银行可以向工业及商业公司提供贷款或购买其债券，但是前提条件是确保资金安全，同时该工业公司或商业公司无法通过传统渠道获得资金支持以扩大再生产或再经营。该法还要求每个联邦储备银行在其联邦储备地区内建立工业咨询委员会。该委员会由三至五名经验丰富的人员构成，他们将审查相关的业务内容，向联邦储备委员会提供参考意见。② 就目前国内文化企业在融资方面的困境来看，“一带一路”文化产业基金设立类似的机构是非常有必要的。文化企业融资难最具体的表现就是缺乏有效的抵押品，其风险不好锁定，导致金融机构在融资方面积极性不够。而文化产品的前期投入又很大，许多好的文化创意因为没有足够的资金投入而无法进入市场，并获得认可和效益。因此，“一带一路”文化产业基金要结合各国文化企业的具体情况，在保证资金相对安全的情况下，给予文化企业更多的金融支持。

---

① Federal Reserve Board, *20th Annual Report of The Federal Reserve Board Covering Operations For The Year 1933*, Washington, D. C.: Federal Reserve Board, 1934, pp. 40-49.

② Federal Reserve Board, *21th Annual Report of The Federal Reserve Board Covering Operations For The Year 1934*, Washington, D. C.: Federal Reserve Board, 1935, pp. 45-52.

从美联储的早期发展历史来看，其内部结构及职责一直处于变动之中。在前述的制度演变基础上，《1935 年银行法》又进一步明确了位于华盛顿的联邦储备理事会与各地区联邦储备银行的关系，强化了联邦储备理事会在整个经济系统中的作用和地位。同时，该法还改组了公开市场委员会，规定该委员会由联邦储备理事会七名理事及五位地区联邦银行代表组成，并更名为“联邦公开市场委员会（FOMC）”。这种变化使得联邦储备理事会的权力大增。新法规定联邦储备理事会有权调整会员银行的准备金率，有权定期审查联邦储备银行制定的贴现率。联邦储备理事会还有义务保留其相关政策及公开市场操作的相关记录文件，并在其年度报告中提交国会。[①]可见，即便是美联储这样的机构也不是一蹴而就的，而是随着经济社会的变化不断调整的。因此，尽管本文中关于“一带一路”文化产业基金的构想还显粗略，但是有着“一带一路”精神内核的文化产业基金，在如此多国内外的金融机构模式探索的基础上，“一带一路”文化产业基金一定会更成熟，更加公开、透明、高效和准确。

四、两个具体问题

首先是融资便利问题。自贸区概念落地后，我国各地自贸区建设均取得了颇多成绩。尤其是在探索资金的自由流通以促进自由贸易方面取得了不少突破。但是随着美联储加息及国际经济形势的变

① Board of Governors of the Federal Reserve System, *22th Annual Report of The Board of Governors of the Federal Reserve System Covering Operations For The Year 1935*, Washington, D. C. : Board of Governors of the Federal Reserve System, 1936, pp. 5 - 7.

化，中国外汇储备一度流失严重。为了维护经济的稳定，中国对外汇的管理再次严格起来。上海自贸区 FT 账户结售汇政策也受此影响，有企业反映 FT 账户结售汇的流程不仅变得更为复杂、不确定，而且耗费的时间甚至超过区外普通账户，给企业经营带来诸多不便。甚至，个别参加新型国际贸易试点的跨国公司反映，由于对未来政策缺乏稳定预期，他们已经关闭了自贸区的经营场所，将原来放在自贸区的业务全部重新搬回新加坡、中国香港等。[①] 尽管这些情况属于个别现象，但是自由贸易及资金自由流通与金融安全与稳定的关系需要我们认真琢磨。

“一带一路”文化产业基金因为其股东来自不同国家和地区，手握不同币种资源，或许可以在融资便利与我国金融安全之间找到一条合适的道路。而且，与中国签订自由贸易协定的国家及地区都希望看到一个币值稳定、经济稳健的中国。所以，除了通过各国央行之间各种协议渠道外，“一带一路”文化产业基金这个平台可以充分发挥市场的力量，让金融市场的参与主体充分的创新。

其次是与亚投行配合，推进“一带一路”倡议的基础设施建设问题。亚投行是我国倡导发起的重要国际金融机构，其业务范围主要面向基础设施建设。与亚投行不同，“一带一路”文化产业基金更注重文化产品及服务贸易领域的投融资等金融服务，可以与亚投行形成良性互动。因为只有繁荣的文化交流和经贸活动才会催生对于基础设施建设升级的需求；反之，良好的基础设施也将促进文化交流及商贸活动的繁荣。因此，“一带一路”文化产业基金在战略层面应该与亚投行相互配合，发挥最大效用，促进地区经济繁荣。

---

① 刘航：“上海自贸区金融创新试点企业感受度调查报告”，《统计科学与实践》2017 年第 5 期，第 29 页。

参考文献

[1] 汤柳："'一带一路'金融合作需要提升的四个方面"，《银行家》2016 年第 3 期。

[2] Federal Reserve Board, *1st Annual Report of the Federal Reserve Board for the Period Ending December 31, 1914*, Washington, D. C.: Federal Reserve Board, 1915.

[3] Federal Reserve Board, *20th Annual Report of The Federal Reserve Board Covering Operations For The Year 1933*, Washington, D. C.: Federal Reserve Board, 1934.

[4] Federal Reserve Board, *21th Annual Report of The Federal Reserve Board Covering Operations For The Year 1934*, Washington, D. C.: Federal Reserve Board, 1935.

[5] Board of Governors of the Federal Reserve System, *22th Annual Report of The Board of Governors of the Federal Reserve System Covering Operations For The Year 1935*, Washington, D. C.: Board of Governors of the Federal Reserve System, 1936.

[6] 刘航："上海自贸区金融创新试点企业感受度调查报告"，《统计科学与实践》2017 年第 5 期。

中希文化交流与融通研究

郭继红*

中国与希腊，两个文明古国，一直以来相互尊重，拥有深厚的友谊，在许多领域的合作已卓有成效。两国文化的交流更是为两国架起了沟通的桥梁，增进了两国的友谊和互相理解。随着“一带一路”倡议的提出，两国人文交流和文明互鉴继续向前推进，两国关系进一步发展。特别是在两国加强全面战略伙伴关系的基础上，两国的文化交流和沟通增进了两国的“民心相通”，但还有很多可提升的空间。我们要从两国深厚的文化底蕴出发，找到两国文化交流与融通的基础，不断扩展两国文化交流范围，促进两国关系实现可持续发展。

一、中国与希腊文化交流与融通的条件

（一）中希文化交流的历史基础

希腊拥有丰富多彩的文明，自古就被誉为西方文明的摇篮。中

* 郭继红，硕士，成都中医药大学马克思主义学院教师，主要从事思想政治教育研究。

国则在几千年文明历史的发展中成为东方文明的重要发源地。它们虽各自拥有独特的传统，但都曾创造了灿烂的文化。今天，两国可以在深厚历史底蕴的基础上，通过文化交流增进沟通和理解，从而推动世界文化的进步与发展。

古希腊是西方文明的发源地，创造了辉煌的成就和灿烂的古代文化，对欧洲历史发展产生了重大影响。古希腊文化在爱琴海源流的浸润与滋养下，产生了哲学、神话、诗歌等丰盛的思想文化成果。这些成果体现了古希腊人发挥丰富的想象力对人生和生活的感悟，对生命、自然、宇宙的起源和本原的追寻。其中哲学在古希腊文化的“沃土”上发展起来，逐步形成自身宏大的体系，产生了一大批伟大的哲学家，可以说是古希腊文化中的瑰宝。苏格拉底是古希腊著名的哲学家，西方哲学的奠基者，可以说他是古希腊哲学中最耀眼的一颗明星。他和他的学生柏拉图，以及柏拉图的学生亚里士多德并称为“古希腊三贤”。苏格拉底把自己看作神赐给雅典人的一个礼物，他每天做的事情就是到处和人谈话，讨论各种各样的问题，比如什么是民主、什么是真理、你的工作是什么等。苏格拉底曾把自己比作精神上的“助产士”，说自己是帮助别人产生思想的。苏格拉底与人们谈论的主题就是引导人们认识到人自己是非常无知的，需要通过批判的研讨去寻求什么是真正的正义和善良。可见，苏格拉底与人交谈是为了帮助人们探求人生的意义，不断地追求真理。可以说，苏格拉底把古希腊哲学的关注点从自然转移到人上，推动了古希腊哲学的繁荣发展。所以，苏格拉底被认为是当时最有智慧的人，在欧洲文化史上，他一直被看作为追求真理而死的圣人，他以一种对哲学的崭新的理解开创了希腊哲学的新纪元。

中国是世界上历史最悠久的国家之一，五千多年的中华文明一直延续至今，并创造了非常辉煌灿烂的成就。除了物质文明的进步外，萌芽于殷、周时期的中国古代哲学也给中国的发展带来巨大的影响，其中最具影响力的人物就是孔子。孔子是中国古代思想家，儒家学派创始人。他一生广纳弟子，周游列国宣传他的思想，是当时社会上最博学者之一，被后世尊为孔圣人。孔子位居“世界十大文化名人”之首，其思想无论是对中国还是世界都产生了深远的影响。我们所熟知的《论语》，主要记录了孔子的言行，是由他的弟子及其再传弟子编撰的，也是儒家学派的经典著作之一。透过孔子的言行，《论语》给我们展现了孔子的政治主张、伦理思想、道德观念及教育原则等，这些思想对后世人们治学、治世都有很大的指导意义。孔子创立的儒家学说，以仁、义、礼、智、信、恕、忠、孝、悌为其核心思想，强调仁与礼相辅相成，提倡仁政，维护“礼治”，提倡“德治”，重视“人治”。他认为贵贱、尊卑、长幼、亲疏各有其礼，只有大家各尊其礼，才能达到良好的社会秩序。特别是在汉代以后，儒家思想被奉为正统思想，为统治阶级创造了整套治理国家和社会的理论思想体系，对中国、东亚乃至全世界都产生了深远的影响。儒家经典不仅是思想统治工具，同时也是中国封建文化的主体，保存了丰富的民族文化遗产。

（二）中希文化交流的现状

中国与希腊，一个地处亚洲，一个地处欧洲，虽相距遥远，但在过去的许多世纪里，两国的思想成果和文化发展的影响却十分相似。两国自 1972 年6 月 5 日建交以来，一直拥有深厚的友谊。两国友好合作关系稳步发展，两国间友好、互信关系日益增强，在联合国及其他国际组织中合作密切。特别是在中希全面战略伙伴关系持续发展的推动下，各领域友好合作正在不断扩大。

文化方面，早在1978年，两国就签署了《中希文化交流与合作协定》，共同致力于在有利于双方文化和教育领域相互促进的框架之下，促进两国友好关系、增进两国共同进步。中希双方签订的这个文化协定的一系列执行计划，涉及文化、艺术、科技、图书馆、教育、体育等领域。2006年，两国签署了《关于在华举办“希腊文化年”的谅解备忘录》。2007年9月到2008年9月是中国希腊文化年，其间希腊通过举办各类文化活动，盛大空前地向中国人民全方位地展示了希腊的社会风俗、文化传统、民族风情以及包括精美建筑在内的璀璨的希腊文明和悠久文化。文化年的各种活动促进了两国文化的进一步交流，在这种交流中我们对希腊文化有了更深层次的了解和认识。2009年，希腊第一所孔子学院——雅典商务孔子学院的正式揭牌，更是拉近了中国和希腊两国人民之间的距离。孔子学院成为两国人民交流的新平台，大大促进了两国文化深入交流和融通。

近些年，随着“一带一路”倡议的提出，中国和希腊这两个有着古老文明的国家进一步携手增进两国文化交流。2014年，两国签订了《中华人民共和国文化部与希腊共和国文化部关于互设文化中心的协定》。2018年雅典中国文化中心正式运行后，为两国开展文化交流提供了重要平台。2015年是中希海洋合作年，这在世界上是首创。合作年期间，两国举办了海洋文明对话会、海洋旅游研讨会、国际海岛艺术节，达成近30项合作成果，[①] 中希海洋方面的文化交流为建设“21世纪海上丝绸之路”发挥了积极作用。2017年，两国又倡议发起包含10国在内的“文明古国论坛”，探讨古老的文明传

① “2015中希海洋年取得30项成果”，中国经济网，2015年11月10日，http://intl. ce. cn/specials/zxgjzh/201511/10/t20151110_6962852. shtml。

统如何焕发出新的时代活力。这一倡议得到亚、欧、非、拉美地区8个有着古老文明国家的响应。在这个促进文明对话的全球文化交流平台上，两国文明交流进一步发展。2017年，中希又迎来文化交流与文化产业合作年，这是两国战略合作的又一个重要步骤。2018年8月27日，中国国务委员兼外交部部长王毅同希腊外长齐阿斯在北京签署备忘录，希腊成为第一个与中国签署政府间共建“一带一路”合作谅解备忘录的欧洲发达国家。两国文化交流与合作对加深两国人民相互了解、促进两国关系发挥了重要作用，对中希关系的发展也产生了重要而深远的影响。

二、合力打造中国与希腊文化交流与融通的新格局

中希自建交以来有着传统友好关系，两国关系一直发展顺利。当前，双方政治关系基础牢固，各领域合作富有成果，两国已建立中希全面战略伙伴关系。近几年，文化的发展极大地促进希腊经济的增长，为希腊社会带来稳定与和平。希腊在发展的过程中，希望更多地弘扬希腊文化遗产，鼓励和促进希腊当代文化创新发展。所以，希腊也希望加强与中国的文化交流与合作，促进相互之间的对话和相互理解。

（一）以“一带一路”为契机，推进中希两国文化交流再上新台阶

近年来，两国高层领导人互访频繁，两国合作交流不断增强。2014年，习近平主席、李克强总理分别对希腊进行过境访问和正式

访问。2015 年 9 月，习近平主席与齐普拉斯总理在联合国大会期间会晤。2016 年 7 月，齐普拉斯总理对中国进行正式访问。2017 年 5 月，齐普拉斯总理赴北京出席“一带一路”国际合作高峰论坛，其间与习近平主席、李克强总理举行双边会晤。2019 年 5 月，希腊总统帕夫洛普洛斯访问中国。同年 11 月，习近平主席对希腊共和国进行了国事访问。在上述高层交往中，双方逐步形成重要共识，中希高层深化了政治互信，实现了发展战略对接，为推进“一带一路”合作提供了坚实的政治保证，为两国文化交流与发展奠定了基础。

希腊是传统的航海大国，地理位置优越，自古就通过海运在全球贸易与交流中发挥重要作用。希腊期盼经济增长，努力发展海陆互联互通，希望通过发挥区位优势和海运特长，为“一带一路”建设贡献更多力量。早在 2009 年，中国远洋运输（集团）公司就取得了希腊比雷埃夫斯港 2 号和 3 号集装箱码头 35 年特许经营权，这是我国企业首次获得欧洲大型港口特许经营权。现在中远海运比港项目已成为“一带一路”合作的典范。2016 年 4 月，中希双方最终成功签署比港港务局多数股权购买协议。2018 年，比港经营管理权实现平稳过渡，集装箱吞吐量达到 412 万标箱，在全球集装箱码头排名从 93 位跃升至 36 位，成为全球增长最快的集装箱码头。每周从比港发往中东欧的集装箱班列达到 16—18 班，[①] 中欧陆海快线建设已见雏形。2020 年，提升至第 26 位，成为全球发展最快的集装箱港口之一。[②] 比港成为陆上与海上丝绸之路的重要交汇点，将为中希“一带一路”合作发挥引领作用。在此基础上，两国可以进一步发展

① 邹肖力：“‘一带一路’连接中国梦和希腊梦”，外交部网，2018 年 4 月 30 日，https：//www. fmprc. gov. cn/web/wjdt_674879/zwbd_674895/t1556469. shtml。

② “十年磨一剑——比雷埃夫斯港的‘重生’故事”，澎湃网，2021 年 9 月 13 日，https：//www. thepaper. cn/newsDetail_ forward_ 14483753。

海洋文化的合作与交流。

2020年，中希双边贸易额为78.1亿美元，中希双向投资集中在海运、能源领域。截至2020年底，希腊对华直接投资项目累计194个，实际投资额1.05亿美元。两国建有双边经贸混委会机制，迄今共召开了13次会议。①。2014年6月，两国签署《关于加强双边经济投资合作的谅解备忘录》。2017年5月，中希签署《关于重点领域2017—2019年合作框架计划》。2019年4月，中希签署《关于重点领域2020—2022年合作框架计划》。

经济贸易是基础，随着两国经济贸易的迅速发展，两国文化贸易和文化产业的发展也不断推进。中国为推动两国文化交流制定了非常完善的文化发展与交流计划。2014年，文化部、财政部等单位联合召开了“丝绸之路文化产业合作发展论坛”，深入研讨了如何促进丝绸之路沿线地区文化产业的交流与合作，提升沿线地区文化产业发展的整体实力。2016年，文化部颁布了《文化部“一带一路”文化发展行动计划（2016—2020）》，计划里特别提到推动“一带一路”文化产业繁荣发展。在互联网时代，中国与希腊可以通过搭建网络交流合作平台，开展交流推广活动，推进互联网与文化产业融合发展。“一带一路”建设中，中国通过培养一批具有国际竞争力的文化企业，根据希腊民众的精神需求，着力开发对应的文化产品，努力打造文化精品，以求推进中希文化交流取得实效。

（二）以孔子学院为载体，扩大中华文化交流范围

2008年，希腊第一所孔子学院——雅典商务孔子学院揭牌，孔

---

① “中国同希腊的关系”（更新至2021年7月），外交部网，https://www.fmprc.gov.cn/web/gjhdq_676201/gj_676203/oz_678770/1206_679834/sbgx_679838/。

子学院的建立是中国与希腊友好往来的象征，进一步畅通了双方民间文化交流的渠道。孔子学院不仅帮助当地民众学习汉语，还成为民众了解中华文化的窗口，既传播了汉语言文化，也传播了中华文化。中国在希腊的影响力因此不断扩大，两国人民的文化交流也进一步深入。一方面，孔子学院以开展汉语教学为主，为当地的汉语学习者开展汉语教学服务，满足当地民众系统学习汉语的需求。通过举办形式多样的文化活动，开办丰富多彩的中国传统文化兴趣班，让学生及当地居民了解中国、走近中国，给当地民众展现了鲜活的中国形象，拉近了两国文化距离。另一方面，孔子学院根据希腊国家和社会的需要提供文化咨询和协助服务，开展文化交流活动，促进了中华文化的传播。孔子学院也开展了“企业家面对面”活动，具体研究两国企业项目，协同企业培养既具有专业技能，又能流利进行汉语和希腊语交流的复合型人才。

可以说，通过孔子学院，中华文化已走入希腊。但我国对当代文化创新成果的宣传还比较缺乏，希腊民众对中华文化的了解还比较局限。在传播内容上，中华文化传播应该更加着力于中华优秀文化的创新推广，特别是要将中国传统文化的精华融入现代的文化交流中。在教育方法上，要贴近当地需求，积极推进本土化进程。在办学过程中，要了解当地教育体系，尊重当地文化与法律。结合当地民众的生活和工作，创新更有亲和力和吸引力的中华文化传播方式，让大家对中华文化更有深层的感情上的靠近与文化上的认同。在交流方式上，孔子学院可以通过充分利用当地各种文化传播媒体加深中华文化交流，可以设置介绍中华文化的网站，充分利用网络传播渠道，提高中华文化的传播力。在交流载体上，随着“一带一路”的推进，在希腊生活和居住的华人华侨越来越多，有的已在希腊居住和工作了很多年，对希腊的法律法规、文化习俗等已十分熟悉。可以说，他们已经在不同程度上融入当地的社会生活中。我们可以发挥这些华人华侨的纽带作用，使他们成为“一带一路”文化交流与融通的使者，通过他们潜移默化地影响身边的人，有利于中华文化逐渐被希腊民众所接受和认同。透过他们，我们也可以更深入地了解希腊文化，更好地发现中国与希腊文化的共通之处。

在孔子学院现有的发展基础上，我们可以充分发挥希腊的传统优势，进一步开展体育文化方面更多的交流。在希腊的体育文化精神里，体育活动是作为人的生活方式，人们通过体育活动实现对人的尊严、身体的权利以及审美需要等价值的追求。可以说，体育活动既是古希腊文化的象征，也是古希腊人文精神的重要表现。奥林匹克运动会最早就起源于希腊，有文字记载的奥运会于公元前 776 年在希腊举行，每届奥运会运动圣火点燃都在希腊。希腊有古老的竞技运动场，建于 17 世纪的奥林匹克竞技场就是第一届国际奥林匹克运动会的地点。希腊人对世界体育的巨大贡献在世界体育文化史上都是无与伦比的。扩展与希腊的体育人文交流，有助于我们深刻领会奥林匹克精神的精髓，也有助于提升中国体育文化事业的水平。

（三）以欧盟为依托，充分发挥地区优势

欧盟的前身为欧洲共同体，作为区域性组织不仅有助于加强内部国与国之间的联系，还可以促进区域对外交流与合作。欧盟的宗旨是促进和平，追求公民富裕生活，实现社会经济可持续发展，加强国际合作。中国与欧盟 1975 年 5 月建交，40 多年来，在双方的共同努力下，中欧关系得到长足发展。中国和欧盟已经成为全球重要的经济体，欧盟成为中国最大的贸易伙伴，而中国则是欧盟的主要

出口市场和主要进口来源地。双方都是当今世界舞台上维护和平、促进发展的重要力量，中国在对外政策中全面发展同欧盟及其成员国长期稳定的互利合作关系。

2018 年是“中国—欧盟旅游年”，以文化相交、民心互通为契机为中欧合作开创了全新格局。欧洲 41 国共有 367 项列入《世界遗产名录》的文化遗产以及自然遗产,[①] 这有助于中国游客了解欧洲灿烂文明历史，增进两国文化融通。中国的许多城市，如北京、上海、武汉、西安等通过深度挖掘文化底蕴，开发历史文化深度游、民俗体验游、科技生态游、传统文化研学游等创新产品，迎接来自欧盟各国的游客。中国与欧洲之间，正在通过旅游增进人民交往，助力社会经济、文化交流等方面蓬勃发展。

在中欧旅游年中，双方通过双向交流，为双方鉴赏各自文化遗产多样性提供了难得的机遇，也让世界看到人文交往在增进互相了解、促进社会繁荣方面的推动作用。双方游客通过亲身实地的走访，理解并欣赏对方引以为傲的文化，加强了文化交流，促使中欧之间产生更多文化认同，带动中欧双向交流不断增强。

希腊是欧盟成员国之一，早在 1981 年希腊就加入了欧盟，是较早加入欧盟的成员国之一。希腊是中欧合作中取得务实合作成果相对较多的国家之一。两国把共建“一带一路”视为共同的机遇，大力推进发展战略对接与优势互补，在基础设施、能源、交通、通信等领域的合作已经取得一系列重大进展。希腊已成为中国在欧洲最重要的投资目的地国之一。通过与希腊开展更多务实合作，增进了

---

① 陈岚：“以文化交流为笔 2018‘中国—欧盟旅游年’为中欧合作绘制新画卷”，中央广电总台国际在线，2018 年 11 月 26 日，http：//sn. cri. cn/n/20181126/b3acd356 - 47e9 - 5704 - 6ef9 - 20b730875027. html。

中国与希腊的互信。中欧也在不断努力地创造可增进文化交流与合作的互利环境，更加系统化地推进区域和地方的文化发展与文化交流。在这个平台的推动下，中国与希腊的文化交流获得进一步发展。2018 年到访希腊的中国游客数量达 3010 万，同比 2017 年游客流量增长 10.8%。①

参考文献

［1］廖肖："刍议古希腊文明之命运观的历史演变"，《邢台学院学报》2018 年第 3 期。

［2］管弦："'一带一路'构想下中希高等教育交流与合作的问题与策略"，《大学教育科学》2017 年第 4 期。

［3］于靖园："希腊：'一带一路'上的耀眼明珠——专访希腊驻华大使莱奥尼达斯·罗卡纳斯（Leonidas C. Rokanas）"，《小康》2017 年第 24 期。

［4］刘作奎："警惕'一带一路'的投资风险——希腊政局变化对'一带一路'在欧洲布局的影响"，《当代世界》2015 年第 4 期。

［5］瓦西里奥斯·科斯蒂斯、永年："希腊与中国：架起文化合作的桥梁"，《博鳌观察》2014 年第 1 期。

① "希腊 2018 年接待游客超 3000 万"，商务部网，2019 年 2 月 28 日，http://gr.mofcom.gov.cn/article/jmxw/201902/20190202839097.shtml。

中蒙俄广电出版新闻领域合作的新发展*

佟景洋**

中蒙俄在广播电视、文化出版发行和新闻媒体宣传方面的交流与合作，进一步创新了三国间交流合作的形式和内容，不但能够促进彼此间人员往来便利和互动交流，增进三国间的相互信任、相互理解和相互支持，而且对于持续深化中蒙俄三国关系，创造良好舆论环境等也具有重要意义，是近年来三方重点予以推动的合作领域。

一、广播电影电视方面

中国内蒙古广播电台蒙古语广播于1950年11月开播，是全国成立最早、播出时间最长、覆盖面最广和影响力最大的蒙古语广播媒体；内蒙古电视台蒙古语电视于1976年10月开播，也是我国最

* 本文原载于《内蒙古统计》2020年第3期，第1—3页，收入本书时略有改动。

** 佟景洋，法学博士，政治学博士后，国家全球战略智库特约研究员，南昌理工学院客座教授主要研究中蒙俄经贸关系。

早开播的少数民族电视之一。自诞生之日起，它们就不断推出广大蒙古语听众和观众喜闻乐见的节目，广泛传播优秀民族文化，为提高蒙古族科技文化水平和改变生产生活方式等做出重要贡献。经过多年发展，中国蒙古语广播电视从无到有、从小到大、从大到强，已成为当今蒙古语听众和观众获取信息、了解世界的重要平台，也是国外蒙古语听众（主要是蒙古国、俄罗斯布里亚特共和国、卡尔梅克共和国和图瓦共和国）了解中国、了解内蒙古的重要窗口，在某种程度上扮演着中国蒙古语国家台的角色。中国蒙古语广播电视近些年不断扩大对外宣传力度，保持和深化同蒙古国和俄罗斯同行之间的友好合作与交流，扩大“中国草原之声”对外传播力和影响力，讲好中国故事，不断提高国际话语权。

早在 1995 年，中蒙两国合资在乌兰巴托创办了“桑斯尔”电视台，成立十年后开始迅猛发展，当前已成长为蒙古国国内影响力最大的电视台，网内传输中国中央电视台、内蒙古电视台和中国新华新闻电视网英语台等多套节目，该台转播的译制中国产电视剧《西游记》曾创造了乌兰巴托市万人空巷的收视纪录，后来陆续播出的译制片《水浒传》《还珠格格》《成吉思汗》等也引起蒙古国的收视狂潮。[①] 不仅如此，中国蒙古语广播电视台还加强同蒙俄两国合作拍摄节目、合办晚会和相关栏目等活动，如近些年的《跟我学汉语》《友谊七彩桥》《索龙嘎》《文化风景线》等系列节目，“才艺少年”中蒙俄少儿电视才艺大赛、“水晶新年”中蒙俄三国媒体晚会等；同时与蒙古国国家电视台、教育台等合作拍摄了《丝路天使》《我的

① “桑斯尔电视台”，百度网，2016 年 1 月 17 日，https：//baike. baidu. com/item/% E6% A1% 91% E6% 96% AF% E5% B0% 94% E7% 94% B5% E8% A7% 86% E5% 8F% B0/15520053。

厨房》《圣驹》等节目，并筹办国际蒙古语广播电视节以进一步扩大蒙古语卫视频道的国际影响力。2016 年 10 月，中国国际广播电台与蒙古国家公共广播电视台达成影视剧译制合作协议，蒙方在次年上半年就完成中国产的五部电视剧和两部电影的译制工作；2017 年 7 月两台就签署了“中国剧场”播出合作协议，将两国合作译制的蒙语版中国电视剧《生活启示录》《良心》《何以笙箫默》和电影《狄仁杰之通天帝国》在蒙古国黄金时间段播出，同时中国承诺在五年内将向蒙古国无偿提供 25 部优秀影视剧译作。[①] 2018 年 4 月，中蒙两国合资电影《乌兰巴托不眠夜》接到世界民族电影节组委会通知，正式入围“第 15 届世界民族电影节”。

中俄两国关系恢复正常化以后，两国广播电影电视界人士便开始经常沟通互访，尤其是近些年两国在这一领域开始了全面深入合作。2013 年起中俄两国开始每年互办电影节，一大批反映中国电影发展成果、以朴实生动见长、展现人文关怀和人道主义精神的优秀影片在俄罗斯“中国电影节”上大放异彩，包括《红高粱》《画皮》《手机》《狼图腾》《中国合伙人》《智取威虎山》《诺日吉玛》《赤壁》《无间道》《老炮儿》《绣春刀》和《战狼 2》等；通过中国“俄罗斯电影节”展演的电影同样给中国观众留下深刻印象，包括《破冰船》《离春天还有三天》《地震》《冠军：更高、更快、更强》《来去无踪》《挪威人》《发现》《俄罗斯之锤》《1812：枪骑兵之歌》和《五个未婚妻》等。其中既有呈现俄罗斯历史的战争片、诙谐幽默的俄式喜剧片，又有魔法科幻的俄式动作片，还有传递俄式情怀的剧情片，有助于让中国观众通过电影领略一个别样风情的俄

---

① “‘中国剧场’走进蒙古国《生活启示录》即将首播”，国际在线网，2017 年 7 月 8 日，http：//news. cri. cn/20170708/cb0e4bd3 - 5e27 - fb4d - 1798 - 65001e76fafa. html。

罗斯。在第二届中俄媒体论坛上，中俄双方签订了一系列俄语频道合作节目，有超过1300部俄罗斯电影将在中国播出。可以说，两国电影不仅赢得中俄观众的广泛喜爱，而且作为媒介拉近了两国人民之间的距离，也加深了两国人民之间的了解与信任。2016年10月中俄两国开始联合拍摄共分三季的大型纪录片——《这里是中国》，计划用中、俄、英、阿拉伯、西班牙等多种语言播出。2017年4月第一季开播，共6集，包括《魅力重庆》《雕工镌影》《武当功夫》《国宝熊猫》《国粹京剧》和《深圳智造》，引起中俄40多家主流媒体的广泛关注，也为世界带来更多更精彩的中国故事。① 2017年12月两国又开始合拍政论纪录片《中国梦·复兴之路》……中俄两国电影合作开展得如火如荼，目前保守估计有50个以上的合作项目还在进行和推进，未来两国的影视合作产业必将蓬勃繁荣发展。2015年还举办了首届“中俄电视周”，并分别评选出中俄各三部最佳纪录片：中方的《1937南京记忆》《东北抗联》和《台儿庄1938》；俄方的《进攻柏林——深入虎穴》《奥德赛——地下堡垒的英雄们》和《回忆围困中的列宁格勒》。② 此外，在两国元首的倡议下，从2015年起两国合作创立了中俄媒体论坛，商定在两国间轮流举办，前三届分别在圣彼得堡、北京和莫斯科举办。在媒体论坛期间，两国媒体代表签署了多项合作协议，对两国广播电影电视领域的进一步发展起到推波助澜的作用。

另外，为体现“一带一路”互学互鉴精神，进一步推动中蒙俄

---

① “这里是中国（中俄合拍大型纪录片）”，百度网，2017年3月31日，https://baike.baidu.com/item/%E8%BF%99%E9%87%8C%E6%98%AF%E4%B8%AD%E5%9B%BD/20623468?fr=aladdin。

② “2015年首届‘中俄电视周’优秀电视纪录片评选揭晓”，网易新闻网，2015年6月15日，http://news.163.com/15/0615/10/AS53G3EB00014JB6.html。

文学影视等项目交流合作，通过中国文化译研网的积极串联，中蒙俄三国多家影视和出版机构达成合作意向，三国将共同制作 30 集纪录片《茶路》和共同合作拍摄三部影片，共同搭建起一个跨国公共文化事业传媒平台，发起成立了“一带一路”国际影视联盟，从而标志着三国在这一领域的合作向更高目标迈进。①

二、文化出版发行方面

中蒙两国于 1951 年开始建立文化联系，1954 年成立的蒙古国家书店在成立之初就开始统一办理中国书刊的进口业务。据统计，1953—1960 年的八年间，蒙古国累计发行中国书刊 55 万册，其中包括一些少量的蒙文版图书，但数量有限，最多的一年仅为 2500 册，《人民画报》蒙文版最多的一年有 7700 多册。后来由于受到一些因素的影响，蒙古国对中国图书进口量锐减。直到中蒙关系恢复正常化以后，两国在文化出版发行领域的联系才开始逐渐增多。1994 年两国签署《中蒙文化合作协定》，1998 年签署《中蒙 1998—2003 年文化交流执行计划》；2004 年和 2005 年分别在蒙古国和中国举办了首次中国文化周和蒙古文化周活动；2008 年蒙古国立大学孔子学院正式揭牌。

近些年中蒙两国在文化出版发行方面的具体合作主要包括：2005 年由中国内蒙古新华发行集团投资兴建的“塔鸽塔”（译为“和平鸽”）书城，是蒙古国内最早一家以销售中文图书为主的书

---

① “中蒙俄成立‘一带一路’国际影视联盟”，搜狐网，2016 年 4 月 21 日，http：//www. sohu. com/a/70662804_119665。

店，店里摆满了中国蒙汉文版图书、音像制品和文化用品，其良好的服务吸引了蒙古国内各阶层的顾客。[①] 除塔鸽塔书城之外，蒙古国当地的一些书店也开始经营中国图书，包括中国国内一些知名出版社出版的外文词典、建筑设计、文艺美术、广告装潢等类的图书很受当地专业人士和大中学生的欢迎。内蒙古天堂草原文化传媒2006年起与蒙古国展开合作，包括邀请多位蒙古国艺人到中国内地演出和举办个人演唱会、为蒙古国艺人出版发行CD、VCD和音乐作品集等、先后开通了免费向全球蒙古族服务的天堂草原音乐网和天堂草原斯拉夫蒙古文音乐网，还通过天堂草原摄影网整合了“草原丝路”沿线国家和地区的海量图片资源，并组织签约摄影师采风旅游和出版知名摄影师草原风光摄影集等。[②] 2010年，中蒙两国文学艺术界在相互翻译、出版对方优秀文艺作品方面签署了合作协议，此举使得包括一大批人文社会科学方面的学术成果在对方国家和地区得到译介和出版。2012年1月1日，由中国浙蒙商会创办的《浙蒙商报》正式出版发行，这是中资企业在蒙古国创办的首份报纸，将为在蒙中资企业和华人华侨提供商业信息，也成为蒙古国民众了解中国的一个窗口和蒙古国学生学习汉语的一个新平台。2015年2月，由内蒙古有影响的70位诗人精选的330多首诗合编而成的《内蒙古诗选》新蒙文版在蒙古国乌兰巴托出版发行，不仅为蒙古国读者了解内蒙古诗歌发展的现状提供了契机，也为中蒙两国的文化交流做出贡献。2015年11月，“纳荷芽”中蒙出版交流工程启动，内蒙古新闻出版广电局向蒙古国儿童图书馆举行赠书仪式，包括1400套

① “从‘援建’大军到塔鸽塔书店——新中国书刊在外蒙”，凤凰网，2010年4月13日，http://book.ifeng.com/zhuanlan/hemingxing/detail_2010_04/13/522005_0.shtml。

② “内蒙古天堂草原文化传媒与蒙古国合作十年成果回顾与展望”，天堂草原音乐网，2015年11月28日，http://www.ttcy.com/news/news_info.aspx?id=5294。

56000册的《中国经典故事》系列和《世界经典故事》系列等，这一工程将在两国少年儿童间架起友谊的桥梁；同时还向蒙古国相关科研单位、学校和图书馆分别赠送了《蒙古族动物寓言故事》。2016年4月，中国浙江出版集团联合蒙古国NEPKO出版社签署《中国文化丛书框架合作协议》，决定合作出版蒙语版的主要反映中国传统文化和经济、文化、生活和名胜等内容的《中国文化丛书》，并在蒙古国发行，旨在加强蒙古国人民对中国的了解，促进两国文化交流；中国内蒙古达英尔科技有限责任公司与蒙古国NEPKO出版社共同创建达英尔多文种互译平台，将实现汉语、蒙语、西里尔文及时互译转换，并在蒙古国全面推广和应用，力争早日实现两国民间在文化教育领域的无障碍沟通和交流。2016年10月1日，由中国人民大学出版社和蒙古国立师范大学共同创办的首个中国主题图书翻译出版中心在蒙古国乌兰巴托正式成立，该中心的宗旨是加强两国新闻出版合作，搭建两国新闻出版领域唯一的政府合作交流平台，做好中国主题的图书在蒙古国的出版发行，促进两国版权合作与贸易，设立和审定中蒙图书翻译资助项目等工作。①

中俄两国都具有悠久的文化历史和丰富的文化资源，两国文化交流源远流长，大体可分为三个历史阶段。最早可追溯到公元13世纪初到16世纪蒙古帝国范围内的相互交流；而后16世纪至20世纪初俄罗斯建立起统一国家后两国开始正式官方的文化交流；第三阶段是苏联建国到解体时期两国文化交流的曲折经历。② 中俄关系恢复正常化后，两国在文化领域的交流合作开始迅速发展升温，呈现出

① “首个中国主题图书翻译出版中心在蒙古成立”，中国新闻出版广电网，2016年10月11日，http：//www. chinaxwcb. com/2016－10/11/content_345884. htm。

② 潘光：“‘丝绸之路’与中俄文化交流”，中国社会科学网，2018年2月11日，http：//ex. cssn. cn/lsx/sjs/201802/t20180211_3847499. shtml。

绚丽多彩的态势。1992 年起两国文化部长开始互访、1997 年和 1998 年分别在俄罗斯和中国举办了对方国家文化节、2003 年和 2004 年两国互办盛大的文化活动、2006 年起两国开始每年互办文化节、2010 年起每年在黑龙江举办“中俄文化大集”、2012 年成立了莫斯科中国文化中心、2013 年起两国开始轮流举办中俄文化论坛、2013 年两国合作签署了《“中俄经典与现当代文学作品互译出版项目”合作备忘录》、2015 年在莫斯科举办第二届丝绸之路国际文化论坛、2016 年中共六大会址常设展览馆在莫斯科五一村建成等，这些标志性事件为两国人民带来了文化艺术盛宴的同时，也让两国人民的友谊愈加深厚。可以说，中俄两国文化出版发行交流的层次、规模和水平不断提升，而且创新了方式方法，结出丰硕的果实。

黑龙江出版集团创新“实体书店”平台，既为中俄读者文化交流提供聚合空间，又为两国出版发行交流提供了方便，取得了不错的效果。哈尔滨“果戈理书店”和黑河“普希金书店”主打欧陆风情，立足于打造“最美欧式书店”，在中俄两国文化出版发行交流中正扮演着重要角色。2015 年黑龙江教育出版社依托“果戈理书店”品牌成立了编辑部，以中俄出版发行交流为宗旨，以全媒体运营模式引进和输出优秀中俄文图书，探索具有双语内容传播的新出版模式，先后策划了《晨读经典——国学诵读》（中俄双语版）以及主要反映欧亚文化和哈尔滨地域文化的 MOOK《白·夜》，反响均超乎预期。果戈理书店还于 2015 年 1 月与俄罗斯滨海边疆区工会联合会合作成立了中俄青少年阅读联盟，不仅将组织两国青少年阅读文化系列活动，而且将组织两国专家学者互访交流；果戈理书店还与俄罗斯远东联邦大学乌苏里斯克国立师范学院建立了中俄青少年文化艺术交流基地，以此为平台先后举办了多场两国青少年文艺展演活动，包括“果戈里作品研讨”“那条《小路》——苏联歌曲年代的记忆”“中国优秀文化传统之青年古琴沙龙欣赏会”“朗读者计划”等。普希金书店所策划的一些文化交流活动被黑河市政府列为2016年“中俄文化大集”系列活动之一。黑龙江出版集团旗下除了果戈理书店和普希金书店之外，还积极实施全省新华书店升级改造，构建特色阅读体验书店，加快推进在牡丹江市、鸡西市、伊春市、佳木斯市等多地新华书店转型升级，让这些“国门书店”不仅成为对外文化交流的窗口，而且成为当地重要的旅游景点。①

此外，随着“一带一路”倡议的不断推进，中国浙江出版联合集团瞄准“丝路书香出版工程”契机，积极推动出版“走出去”，与世界多国出版机构建立合作关系，大力推动中国出版产品走向世界。2016年7月在俄罗斯莫斯科阿尔巴特大街成立了主营中国图书和中国主题的俄文图书的“尚斯博库”中国主题书店，尚斯博库网上书店也一并开通上线，由于该书店鲜明的主题和清晰的定位，开业之后广受欢迎好评，该书店计划每年翻译出版100种以上俄语类及苏联国家不同语言的中国主题图书，同时还将中国国内的一些图书诸如《少林功夫》《茶的故事》《中国原创绘本精品系列（10册)》和《中华寓言故事》等翻译成俄文在俄罗斯出版发行；书店内还设有“华茶驿站·中国茶谣馆”和播放俄语节目为主的新丝路影视厅，而且每周举办不同类型的免费开放的文化主题活动，像“中国画品鉴”“汉字书写”“中国茶席”“读汉诗、品月饼、过中秋”等中国文化推广活动；2016年7月尚斯博库书店举办了“中国

① “黑龙江：新华书店创新走出去模式特色书店化身文化交流桥头堡”，国家新闻出版广电总局网，2016年3月11日，http://www.gapp.gov.cn/chinacopyright/contents/4509/277464.html。

文化周暨中国主题图书展”活动，展出了500多种俄文版中国主题图书及近万种中国主题图书和文化类图书，包括《习近平谈治国理政》《之江新语》《茶人三部曲》等，俄罗斯汉学家还在文化周期间举办了中国主题系列讲座，让中国文化和两国友好走进了俄罗斯民众心底。尚斯博库中国主题书店的成立，不仅成为浙江出版联合集团对俄文化输出的重要工程，而且也成为中俄文化出版发行交流的重要的综合性平台。①

三、新闻媒体宣传方面

早期蒙古新闻媒体对中国的宣传报道比较缺乏客观公正的立场，可以说是经常戴着“有色眼镜”进行宣传报道，也在两国间引发一些龃龉。当前，蒙古国有约430家新闻单位，其中15种日报占据了市场份额的七成，6种周刊占据了市场的八成，市场经济和民主化改革以来，媒体已基本实现私有化，背后多有各政党背景和西方国家的财力支持，因而内容多是转载西方媒体的观点和立场，一些失实的报道在当地传播后，产生很坏的社会影响，也对两国关系产生一些负面效应。

蒙古新闻媒体的这种对中国的不友好情绪和宣传导向进入21世纪十年后开始有所好转，这主要得益于两国政治、经济、文化、社会等方面来往的日益紧密，两国媒体合作交流的日益频繁，中国赴蒙投资兴业的企业和中职人员也逐渐意识到重视同蒙古国新闻媒体

① 曹媛：“俄罗斯第一家中国书店的本土化发展浙江出版联合集团‘一带一路’文化输出走出新方向”，百道网，2017年8月4日，http：//www. bookdao. com/article/399307/。

层面搞好关系的重要性。一方面，尽可能让中方企业的正常工作和生产经营活动做到公开透明，让蒙古新闻媒体了解实情，进行有利于中国的公正报道和宣传；另一方面，让蒙古国新闻媒体及时报道中国为其所做的惠及民生的好事，逐步改善华商华人在蒙古国民众心目当中的形象；再一方面，对互联网上一些别有用心的关于“蒙古收回”“蒙古回归”类的文章进行了清理和有效管理，对两国关系的进一步改善起到促进作用。2010 年起两国隔年互办“中蒙新闻论坛”，迄今已举办了九届。两国媒体通过论坛进行了广泛深入的交流，签署了多项合作协议，合作层次与规模也逐渐扩大，推动了一批务实合作共赢项目，如双方媒体互派记者、互换稿件、合作办报、合作制片等实现常态化，不仅成为两国开展新闻交流与合作的重要平台，而且也成为增进两国友谊、促进两国人民相互了解的桥梁与纽带。

中国与俄罗斯新闻媒体的交流合作，比较有代表性的是《经济日报》社。作为中国最大的财经类媒体，从 1986 年创立之初，就开始与俄罗斯《消息报》建立了交流互访合作关系，并且一直关注中俄两国的经贸合作和发展；进入 21 世纪后，《经济日报》社与俄罗斯新闻媒体交流合作愈加紧密，分别在 2006 年、2007 年、2010 年和 2012 年四次组团访问俄罗斯，并且接待过《俄罗斯报》社及俄罗斯联邦通讯与大众传媒部的同行访问；2012 年 5 月《经济日报》社又创办了中俄经贸网，并于次年 7 月开通了俄文版；还与俄罗斯 SPB 电视台合作开办了中经网视频节目点播频道；并且连续主办四届金砖国家财经论坛，得到了俄罗斯媒体同行的广泛支持；2015 年又创办了“金砖国家新闻网”上线运营，成为中国与金砖国家信息交流的重要平台。① 除《经济日报》社之外，中国官方主流新闻媒体像《人民日报》社、《光明日报》社、《中国日报》社、《环球时报》社以及新华社、中国新闻社等也通过多种方式与俄罗斯官方新闻媒体和通讯社像《俄罗斯报》社、《真理报》社、塔斯社、今日俄罗斯通讯社、俄罗斯 REN 电视台等建立了广泛深入的合作交流，签署了多项合作协议，进一步稳固了两国新闻媒体的合作基础，也预示着两国新闻媒体合作新高峰的即将到来。

中俄两国新闻媒体在中俄“国家年”“语言年”“旅游年”等大型活动期间，为增进两国人民相互了解和友谊加深，夯实两国战略协作伙伴关系社会基础做出了巨大贡献；两国新闻媒体还于 2012 年在中国驻俄罗斯大使馆举行了迎龙年新春联谊活动，以及产生广泛社会影响的“中国人唱俄语歌大赛”及“中俄友谊之旅”等活动；两国主流报刊和通讯社也举办了“中俄青年记者征文活动”及“中俄出版机构互译经典作品”等活动；在世界反法西斯战争胜利 70 周年之际，两国媒体紧密合作，通过共同采访、举办图片展览和视频连线等方式，向两国民众介绍中俄在联合抵抗法西斯主义和军国主义中的贡献和作用，以唤起人们对和平的坚守，《人民日报》社记者应约撰写的《中国兄弟铭记苏联贡献》的文章在俄罗斯《真理报》上刊载，俄罗斯外媒网还全文刊登了《人民日报》专栏文章《为正义和荣誉拼死一搏——伟大卫国战争永载俄罗斯和人类史册》。当今国际环境下，中俄作为世界政治舞台上两个举足轻重的大国，一方面要不断向世界提供更多高质量的媒体公共产品，进而提升本国新闻媒体的国际影响力；另一方面还要有效运用好新闻媒体的力量，

---

① 徐如俊：“加强媒体交流　促进中俄经贸合作”，中国经济网，2016 年 3 月 25 日，http：//intl. ce. cn/specials/zxxx/201603/25/t20160325_9828857. shtml。

在国际舞台积极发声掌握话语权，服务两国和两国人民根本利益的同时，也为维护世界和平和正义贡献力量。① 为此，2015 年 5 月中俄两国元首共同宣布将 2016 年和 2017 年作为两国媒体交流年，从而标志着两国媒体合作开始进入到常态化、机制化轨道并上升到国家层面。在中俄双方精心呵护下，两国媒体交流合作领域不断拓宽、范围不断扩大、程度不断加深，两国新闻媒体同仁加深了彼此理解，强化了感情纽带，双方的合作除了传统项目之外，还计划在新媒体领域展开合作，如深化网络电视台合作和建立新闻社交应用平台等，有可能成为两国未来媒体合作的新亮点，两国新闻媒体的合作也必将迎来更加广阔的前景。②

总而言之，随着“中蒙俄经济走廊”建设的持续稳步推进，三国在广电出版新闻领域的交流合作必将日渐升温，而且不断创新合作交流的形式和内容，搭建起一系列文化交流合作平台，这些举措不仅促进了中蒙俄三国广电出版新闻事业的发展和繁荣，为跨境民族文化交流积累了丰富的经验，而且使三国间人员往来更为密切频繁，增进了相互之间的理解和信任。

参考文献

［1］习近平：“打造中蒙俄经济走廊”，新华网，2014 年 9 月 12 日，http：//www. xinhuanet. com/world/2014 –09/12/c_1112448804. htm。

［2］“中华人民共和国、俄罗斯联邦、蒙古国发展三方合作中

① “中俄媒体共谱友好合作之歌”，人民网，2015 年 6 月 25 日，http：//politics. people. com. cn/n/2015/0625/c1001 –27203778. html。

② “新媒体合作有望成为中俄媒体交流新亮点”，人民网，2016 年 5 月 31 日，http：//world. people. com. cn/n1/2016/0531/c57507 –28399210. html。

期路线图”，中国政府网，2015 年 7 月 10 日，http：//www. gov. cn/xinwen/2015 -07/10/content_2894909. htm。

［3］“建设中蒙俄经济走廊规划纲要”，中华人民共和国国家发展和改革委员会网，2016 年 6 月 23 日，http：//www. ndrc. gov. cn/zcfb/zcfbghwb/201609/t20160912_818326. html。

［4］“中蒙俄经济走廊建设面临重要的机遇期”，人民网，2018 年 12 月 20 日，http：//world. people. com. cn/n1/2018/1220/c1002 -30479038. html。

［5］佟景洋：《源缘圆元：“一带一路”视域下中蒙俄经贸发展》，社会科学文献出版社 2019 年版。

阿联酋迪拜酋长国互联互通经验探析

杜海昕[*]　宋国华[**]

迪拜是阿拉伯联合酋长国第二大酋长国，位于阿联酋东北沿海，濒临波斯湾南侧，地处亚、欧、非三大洲的交汇点。迪拜占地4114平方千米，人口约为339万人（2020年6月数据），为阿联酋人口第一大城市，约占全国人口的41.9%。2018年，被全球化与世界级城市研究小组与网络（GaWC）评为年度世界一线城市第九位。迪拜从18世纪末的小渔村发展为当今中东地区最大的自由贸易港、经济金融中心、购物中心和航运物流中心，其成就令世人瞩目。迪拜是中东地区著名的全球性商业大都市，不仅是阿联酋的贸易中心，更是中东地区最重要的贸易枢纽之一。由于地处东西方交流的咽喉要道，迪拜经常作为欧亚经济活动的中心。目前，阿联酋迪拜酋长国共有八个较为活跃的自由区，它们分别是杰贝阿里自由区、迪拜机

---

* 杜海昕，硕士，陕西师范大学杨凌实验中学二级教师，主要研究方向为中国——东南亚互通。

** 宋国华，博士，副教授，四川外国语大学国际关系学院副院长，主要从事比较国别研究和中国外交研究。

场自由区、迪拜网络城、迪拜媒体城、迪拜珠宝城、迪拜汽车城、迪拜知识村和迪拜五金城，其中杰贝阿里自由区规模最大、发展最成熟，不仅是综合性的自由贸易区,[①] 也是全球第一个通过 ISO9000 国际认证的自贸区。

一、迪拜互联互通典型经验分析

（一）迪拜发展政策探析

1977 年迪拜开始世界上最大的杰贝阿里（Jebel Ali）挖入式人工港计划，1979 年投入运营。1985 年，迪拜当局为了使杰贝阿里港区更好地适应当地的产业以及全球化发展，吸引大型国际投资商，便依托港区建立了著名的杰贝阿里自由贸易区（JAFZA），其投资约 25 亿美元，总面积 48 平方千米（后扩建至 100 平方千米）。1991 年成立迪拜港务局（DPA）对两个港口统一进行管理。经过多年规范化运营，迪拜已成为世界主要港口之一，是首屈一指的中转贸易港，在全球港口航运业中具有举足轻重的地位。

作为波斯湾地区的商业中心，迪拜自由贸易港的成功与其自由开放的创新政策息息相关，尤其体现在离岸税制、离岸贸易、离岸金融等离岸业务等方面。其中包括:[②]

---

① “Global Free Zones of the Future”, http: //www. fdiintelligence. com/Rankings.

② 李猛：“新时代我国自由贸易港建设中的政策创新及对策建议”，《上海经济研究》2018 年第 5 期，第 60—71 页。

1. 货物贸易

实行单点管理体制，对于申请执照或其他法规事务均可在自由贸易港当局进行集中办理，并允许货物自由进出港口，海关对进出口货物实行随机抽查的监管模式。

2. 税收

外资企业享有50年企业所得税豁免，港内工作人员免交个人所得税，货物进出口采取零关税，对港内贸易加工货物不征收关税和增值税。

3. 离岸贸易

豁免区内离岸公司利得税、资本收益等一切税收，对离岸贸易公司日常运营所需的机械设备等必需品免征关税，对于离岸贸易从业者实行更为宽松的移民优惠政策。

4. 离岸金融

允许港内外资企业可100%拥有公司所有权，并将其利润和资本自由汇出境外，总体上采取无外汇管制和零税率的离岸货币金融政策。依靠政策创新，近年来迪拜离岸业务实现迅速增长，并吸引了大量外资企业入驻，迪拜由此成为新兴的国际离岸贸易中心和国际离岸金融中心。

5. 市场秩序

非常重视对港内市场秩序的管理，具备较为完善的市场监管体制，其中特设迪拜金融服务管理局（DFSA）对本地金融市场和各项金融活动进行统一规范化管理，金融服务局作为综合性管理机构，集监管证券发行、期货交易、金融犯罪等多种职能于一身，具有独立监管、集中高效的优势特性，为迪拜自由贸易港经济发展创造了良好的市场竞争环境。

6. 市场规则

在制定市场规则时积极对接国际最高标准，利用欧美先进的市场监管制度和准则，建立起高度法治化、国际化、市场化的市场监管法律体系，高标准与高透明度的市场规则为进驻迪拜的公司企业及金融机构提供了明确的行为指引，保证了市场主体依法合规经营，良好的法治营商环境正是迪拜经济实现高速发展的主要原因。

此外，迪拜房地产需求非常旺盛。其原因有二：一是因为快速增长的人口，包括国内人口和大量涌入的国外人口。人口增长极大地推动了住宅、宾馆、商业和公共设施在内的房地产产业的发展。二是由于2002年地产持有权的修改。这次修法准许非阿联酋国民在迪拜拥有地产，虽然地产不包括地皮，但不动产的永久持有权及99年长期租赁权仍准许售与拥有私人公司的个人。迪拜的土地政策缓解了外来人员和企业对居住和生产地的担忧，还吸引了更多的人力、物力集聚迪拜，为迪拜发展注入新的活力。

（二）迪拜交通与基础设施建设

1. 海港建设

20世纪50年代，迪拜酋长阿勒·马克图姆意识到港口对迪拜发展意义重大，于是领导迪拜开始疏浚港口，港口得到疏浚后货运能力大幅提高，为日后迪拜港成为中东贸易转运中心奠定了基础。不久之后，迪拜港便成为中东大宗石油出口和其他商贸活动的中心。[①] 1979 年拉希德港投入使用，成为西亚北非地区最大的人工深水港口之一。同时，在 1977 年迪拜开始世界上最大的杰贝阿里挖入式人工港计划，同年也投入运营。

杰贝阿里港是世界上最大的人工港口，也是中东第一大港，是阿联酋最现代化、地区最重要的集装箱货运港之一。阿联酋对港口、自由贸易区、海关采取三位一体的管理模式，由迪拜港务局统一管理。港务局为政企合一的实体，直属迪拜政府，同时其又是独立的港口经营机构。这种企业化运营的“政府机构”拥有相当大的灵活性。政府为企业提供一站式的服务，包括提供未来发展和投资的建议，协助客户挑选理想的投资场所以及确定运营必备设施，帮助企业在本地和国际市场上获得合资机会，定期开展回访和企业沟通等，同时政府又让渡部分行政权力，以政府信誉做保障，依靠企业化运作，为客户提供优质的服务。这是迪拜自贸区取得成功的一条重要经验。

2. 空港建设

迪拜位于欧洲和远东之间，是联系欧洲和远东的重要枢纽，所以迪拜国际机场是阿联酋最繁忙的机场。迪拜国际机场始建于 1989 年，1991 年投入使用，为 24 家航空公司提供服务。迪拜国际机场是阿拉伯联合酋长国的主要枢纽机场，也是阿联酋航空公司的枢纽机场，占地 2900 万平方米，建筑面积 212. 2474 万平方米，可供目前

---

① 车效梅、杜雁平：“迪拜的崛起与走向”，《西亚非洲》2008 年第 6 期，第 34—40 页。

所有的机型起降。

首先，优越的地理因素是迪拜航空枢纽得以快速发展的首要基础。迪拜地处中东，不仅可以联结亚非欧三大洲，还能沟通印度洋和大西洋，是连接东西方的交通咽喉，也是欧洲经北非到达西亚的枢纽。除此之外，迪拜政府着力打造了“4 小时经济圈”和“8 小时经济圈”的航空线，将迪拜同世界主要中心城市相连，以期形成海陆空全方位的地域优势，[①] 中东地区因此成长为“全球空中交通十字路口”。

其次，迪拜航空港之所以成功的另一大因素便是能汇集较多的本地和中转客流，这进一步增强了其作为枢纽的集散作用。一方面，绝佳的地理区位使迪拜成为全世界旅客心目中转机的理想地点，2015 年大约有 4680 万旅客选择在迪拜转机。另一方面，旅游业的兴盛也吸引了更多的国际旅客。迪拜的免税店 24 小时敞开大门，免税店汇聚全世界最物美价廉的商品，并且还经常赠送礼品。购物支付手段也多种多样，美元、刷卡、迪拉姆都可以，免去了中国普遍的双币信用卡刷当地货币 1.5% 的手续费，[②] 每年赴迪拜购物的旅客数不胜数，所以迪拜机场连续几年蝉联“全球最佳机场”美誉。

第三，政府的大力支持同样成为中东航空枢纽建设的有力保障。优越的地理条件使阿联酋政府十分重视航空产业的发展。政府的高度重视和大力支持，使迪拜国际机场在短时间内便成长为国际顶级航空枢纽之一。迪拜政府为适应国际航空业的发展需求，不断对迪拜国际机场进行完善，为进一步推动航空业发展而实行天空开放政

---

① 黄达：“迪拜：永不停歇的自贸区”，《宁波经济》2013 年第 9 期，第 50—51 页。

② 李春：“迪拜航空枢纽对我国航空枢纽建设的经验借鉴与启示”，《统计管理》2017 年第 5 期，第 68—70 页。

策，以此来吸引航空公司入驻迪拜机场。

最后，机场和基地航空公司鼎力合作成为迪拜机场成功的又一重要因素。阿联酋航空公司是迪拜机场的基地航空公司。该公司是全球最大的 A380 与波音 777 运营商，提供中东、非洲、亚洲、欧洲、北美洲、南美洲、澳洲、新西兰的航空服务。阿联酋航空在迪拜机场拥有超过 143 条航线，遍布亚欧非及美澳。同时，阿联酋航空积极宣传迪拜机场，比如在阿联酋航空的网页、宣传材料以及广告中，都会用大量的笔墨来介绍迪拜机场，以此吸引更多旅客中转。

（三）迪拜自贸区模式探析

与其说自贸区是迪拜财富的来源，不如说是其发展的动力。2019 年 3 月 11 日，英国智库 Z/Yen 集团与中国（深圳）综合开发研究院联合在迪拜全球金融峰会期间发布第 25 期全球金融中心指数。该指数从营商环境、人力资源、基础设施、发展水平、国际声誉等方面对全球重要金融中心进行了评分和排名。在榜单中迪拜排名第 12 位，较去年排名上升 3 位。① 中国的世界 500 强企业和中国前 200 强企业大都将迪拜作为区域总部，以其为支点，开拓中东、北非以及“一带一路”沿线市场，迪拜成为中国实施“走出去”战略以及推进“一带一路”建设的桥头堡。②

迪拜现建有 30 多个自贸区，世界闻名的就有 14 个。迪拜自贸区被认为是贸工结合、以贸为主的代表。因为迪拜自贸区设立在本

① “综研院与英国 Z/Yen 集团联合在迪拜发布第 25 期全球金融中心指数”，国家高端智库/综合开发研究院（中国·深圳）/CDI，http://www.cdi.org.cn/detail.aspx?cid=5823。

② 王胜、刘丛勇、张东东：“迪拜自贸港区发展对海南的启示”，《今日海南》2018 年第 7 期，第 17—19 页。

国领土之内，却被认作海外生产中心，在迪拜自贸区内经营的公司均被视为境外实体，或独立于阿联酋法律监管之外的公司。[①] 按照业务性质，可将迪拜自贸区大致分为工业和物流、传媒、信息与通信技术、金融、航空、教育、科技及其他类（见表12—1）。

表12—1　迪拜自贸区概览

类别	自贸区名称
工业、物流	杰贝阿里自贸区（Jebel Ali Free Zone） 迪拜机场自贸区（Dubai Airport Free Zone） 迪拜多种商品交易中心（Dubai Multi Commodities Centre，DM CC） 迪拜朱美拉湖塔自贸区（Jumeirah Lakes Towers Free Zone，JLT Free Zone）
电子通信	迪拜网络城（Dubai Internet City） 迪拜外包城（Dubai Outsource Zone） 迪拜硅谷（Dubai Silicon Oasis）
金融	迪拜国际金融中心（Dubai International Financial Centre） 迪拜珠宝城（Dubai Gold and Diamond Park）
航空	迪拜世界中心（Dubai World Centre） 迪拜机场自贸区（Dubai Airport Free Zone）
传媒	迪拜科技与媒体自贸区（Dubai Technology and Media Free Zone） 迪拜媒体城（Dubai Media City） 国际媒体出版自贸区（International Media Production Zone） 迪拜影视城（Dubai Studio City）
科技	迪拜生物科技园（Dubai Biotech Research Park） 能源与环境园（Environment and Energy Park，Enpark）

① 张善杰、陆亦恺、石亮："迪拜自贸区发展现状和成功经验及启示"，《港口经济》2014年第1期，第47—49页。

续表

类别	自贸区名称
教育	迪拜国际学术城（Dubai International Academic City） 迪拜知识村（Dubai Knowledge Village）
其他	迪拜国际人道救援城（International Humanitarian City） 迪拜保健城（Dubai Healthcare City） 迪拜美丹自贸区（Meydan）

资料来源：根据公开资料整理。

1. 杰贝阿里自贸区

杰贝阿里港自贸区地理位置十分优越，处在世界第三大港（杰贝阿里港）和世界最大机场（阿勒·马克图姆国际机场）之间，[①] 海陆空运输中转方便，具有便捷的交通优势，是集物流仓储、进出口贸易、生产加工等多功能于一身的大型特区。区内除中转贸易、加工制造业务以外，其他相关的中介服务业等也可进入。除酒店、医院外，银行、法律事务、写字楼业、餐饮业等均可入区经营。[②] 1991 年，杰贝阿里港区与杰贝阿里自贸区实行一体化营运管理，直接促使港口吞吐量急剧增长。在 20 世纪 90 年代，港口保持强劲增长势头，1995 年超过 200 万 TEU，2000 年超过 300 万 TEU，2002 年超过 400 万 TEU，之后每年增长超过 100 万 TEU。[③]

① 张善杰、陆亦恺、石亮："迪拜自贸区发展现状和成功经验及启示"，《港口经济》2014 年第 1 期，第 47—49 页。

② 闫然："全球先进自由贸易区的功能定位、监管模式与政策创新——以迪拜、新加坡、伊基克为例"，《上海商学院学报》2014 年 8 月第 4 期，第 35—41 页。

③ 陈有文、马洪仁："迪拜 Jebel Ali 自由港发展模式分析"，《水运工程》2006 年第 9 期，第 37—38、40 页。

2. 迪拜机场自贸区

阿联酋迪拜机场自贸区位于迪拜国际机场的边界，于1996年建成，是迪拜政府制定的投资驱动型经济战略规划的一部分，也是该地区增长速度最快的优质自贸区之一。其园区内主要的优惠政策包括进出口完全免税、公司所得税全免、无个人所得税、外资可100%独资、资本和利润可不受任何限制地自由汇出、货币可自由兑换等。2012年，迪拜机场自贸区被金融时报集团旗下的《外国直接投资（FDI）》杂志评为2012—2013年度全球自贸区奖第一名，从2011年的第二名跃至榜首，这是对该自贸区管理策略的肯定。

3. 迪拜自贸区发展经验

与纽约、伦敦等其他国际大都市相比，迪拜城市起步晚、规模小、底子薄，但短短几十年便造就了世界经济奇迹，其经验值得后发展自贸区深入借鉴和思考。迪拜自贸区成功的经验主要有以下几点：

（1）科学创新的管理体制

阿联酋对港口、自由贸易区、海关采取三位一体的管理模式，由迪拜港务局统一管理。港务局为政企合一的实体，直属迪拜政府，同时其又是独立的港口经营机构，以市场为导向。这种企业化运营的“政府机构”拥有相当大的灵活性。政府为企业提供一站式服务，包括提供未来发展和投资的建议，协助客户挑选理想的投资场所，以及确定运营必备设施，帮助企业在本地和国际市场上获得合资机会，以及定期开展回访和企业沟通等，同时政府又让渡部分行政权力，以政府信誉做保障，依靠企业化运作，为客户提供优质的服务，是迪拜自贸区取得成功的一条重要经验。

（2）便捷高效的监管制度

阿联酋推行自由经济，无外汇管制措施，园区企业利润和资本可自由汇出，没有任何限制。[①] 根据迪拜政府的相关规定，自贸区内企业可享受100%外资拥有、50年免除所得税、期满后延长15年免税期、无个人所得税、资本金和利润允许100%遣返以及充足的廉价能源等政策。[②] 法律明确赋予自贸区“境内关灯”的区域性质，准许外国商品自由免税进出口。在迪拜自贸区内的企业可享受100%的所有权，为企业生产而进口的原材料和设备免税，并且货物转口也实行零关税。

（3）实行“1+N”产城融合模式

迪拜自由港的运行模式可以总结为：1个自贸区（杰贝阿里自贸区）结合N个特色产业城（迪拜金融城、迪拜互联网城、迪拜媒体城等）的模式。[③] 根据迪拜政府的定位，杰贝阿里自贸区属于低投入、低运营的工贸结合型自贸区，重点业务是物流贸易供应链管理、加工制造再出口等。各个特色产业城则发挥人、财、智集聚作用，实现了特色产业的高速发展。

迪拜的“1+N”模式，成功实现了自贸区与产业的协调发展，突破了物理围栏的界限，最大限度地释放了自由贸易港的“制度红利”和辐射效应，以点带面，形成自贸区与腹地经济之间的综合性功能网络。

---

① 张欢、李滨彬、李晓渝、苏小披：“全球三大自由贸易港为海南提供经验”，《中国外资》2018年第5期，第38—40页。

② 黄达：“迪拜：永不停歇的自贸区”，《宁波经济》2013年第9期，第50—51页。

③ 王胜、刘丛勇、张东东：“迪拜自贸港区发展对海南的启示”，《今日海南》2018年第7期，第17—19页。

（四）迪拜融资能力分析

税收优惠是自贸区促进贸易和投资的重要手段。[①] 迪拜金融中心有超过两百家的国际性银行分支机构，迪拜自贸区的银行非常开放，项目融资、信用证融资、贸易融资是非常活跃的金融业务。[②] 迪拜金融的一个特殊之处在于，在银行存款均无利息。不管是个人存款还是企业存储，普通活期存款都是零利息，银行吸收储蓄的业务不多，因此迪拜本地有大量存款的企业会选择直接投资。

迪拜是进出口贸易额最高的自贸区之一，杰贝阿里自贸区有很多国际和本土银行的分支机构，且资金自由汇出汇入。杰贝阿里自贸区为进一步促进贸易便利化、一体化，开设了一站式统一管理，实行港口内、海关、银行、物流等行政部门的统一管理和办公，取消了之前繁杂的平行多头机构。在迪拜自贸区内可享受 24 小时内办理审批进出口手续和签证，7 天内审批投资手续。其高效便捷的工作效率多次受到英国《金融时报》旗下的《外国直接投资杂志》的称赞，连续三年被评为“年度全球最佳自贸区”。

（五）迪拜促进人文交流的做法

1. 开发文化游

阿联酋旅游业注意开发文化游，各酋长国的博物馆、文化遗产村、青少年传统教育基地、动植物自然保护区等都成为开发的项目。

---

① 高增安、张鹏强、李肖萌：“境外典型内陆自贸区税收优惠政策比较研究”，《西南民族大学学报（人文社会科学版）》2018 年第 6 期，第 142—148 页。

② 亓坤：“迪拜启示”，《新理财（政府理财）》2014 年第 3 期，第 39 页。

赛马、赛骆驼、赛诗歌及每一项大型活动中，都有传统建筑展示、民间食品品尝、民间歌舞表演、传统手工艺品制作销售等内容。扎耶德大清真寺、艾因航空展和具有阿拉伯建筑风格的八星级酒店——酋长宫酒店等都被作为重要的旅游景点和阿联酋民族文化的展示台。[①] 有关方面充分利用这些名胜古迹、风土人情、民间工艺品的生产和销售等人文景观和民族文化特色吸引国内外游客，从而扩宽民间交流的渠道，使世界人民更加了解这个中东国家。

2. 媒体城吸引海内外人才

迪拜媒体城拥有全球著名的自由贸易港，是世界性金融中心、交通枢纽和旅游胜地，各种国际会议、展览、赛事轮番在此举行，为媒体集聚奠定了基础。传媒产业是智力密集型产业，充足的人才资源对于城市竞争优势的形成也至关重要。迪拜人口的国际化程度高，迪拜又是个开放的城市，融合了阿拉伯文化、西方文化和南亚文化，极富包容性的文化吸引了大量外国人，形成发展高度国际化的人才资源池。[②] 这也为迪拜进行人文交流奠定了良好的基础。

二、迪拜与中国合作展望

迪拜在过去几十年发展中所取得的成就令世人瞩目，而对未来发展所表现出来的雄心壮志更值得关注。毫无疑问，迪拜是中国开

---

① 蒋传瑛："阿联酋旅游业发展模式研究"，《阿拉伯世界研究》2011 年第 5 期，第 72—81 页。

② 王春枝："传媒集群竞争优势研究：以迪拜媒体城为例"，《国际新闻界》2013 年第 10 期，第 131—141 页。

拓中东、欧洲和非洲等地市场的绝佳门户。迪拜得天独厚的地理位置、成熟的基础设施、出色的人才配套、兼容并包的文化使其成为“一带一路”倡议推进的支点之一。

而中国提出的“一带一路”倡议，与阿联酋推行的“向东看”新政不谋而合，阿联酋也在不断争取来自中国的投资，中国也有意将阿联酋作为贸易及转口贸易中心。① 迪拜得天独厚的地理区位优势，一方面可以在较短时间内连接欧亚非，另一方面同时拥有世界先进的海港和完善的基础设施，迪拜成为中东地区 22 亿消费者的门户。优越的地理位置和良好的经营环境使迪拜成为中国企业进入中东地区的最佳选择。

迪拜经济部副部长阿卜杜拉说，中国提出的“一带一路”倡议，对阿联酋来说非常振奋人心，阿联酋也非常重视，因此对中国开放了免签政策。阿联酋实行积极的吸引外资政策，引资条件非常优惠。同时他还表示，随着中国“一带一路”倡议的推进，迪拜将迎来前所未有的机遇，在中阿双边贸易中，迪拜就占了约 90%，目前迪拜已经成为中国在中东地区的第二大贸易伙伴和第一大货物贸易市场。在迪拜注册的中资企业每年以 10% 的速度在增长。② 据他说，迪拜酋长已经指示要使迪拜成为中国在该地区的最大直接投资目的地，继续推动双边经贸发展，使中国成为迪拜发展项目的战略伙伴。

参考文献

[1] 李猛：“新时代我国自由贸易港建设中的政策创新及对策建议”，《上海经济研究》2018 年第 5 期。

---

① 于靖园：“迪拜‘向东看’”，《小康》2018 年第 5 期，第 60—62 页。
② 于靖园：“迪拜‘向东看’”，《小康》2018 年第 5 期，第 60—62 页。

[2] 车效梅、杜雁平："迪拜的崛起与走向"，《西亚非洲》2008年第6期。

[3] 李春雪："迪拜航空枢纽对我国航空枢纽建设的经验借鉴与启示"，《统计管理》2017年第5期。

[4] 黄达："迪拜：永不停歇的自贸区"，《宁波经济》2013年第9期。

[5] 李春："迪拜航空枢纽对我国航空枢纽建设的经验借鉴与启示"，《统计管理》2017年第5期。

[6] 王胜、刘丛勇、张东东："迪拜自贸港区发展对海南的启示"，《今日海南》2018年第7期。

[7] 张善杰、陆亦恺、石亮："迪拜自贸区发展现状和成功经验及启示"，《港口经济》2014年第1期。

[8] 闫然："全球先进自由贸易区的功能定位、监管模式与政策创新——以迪拜、新加坡、伊基克为例"，《上海商学院学报》2014年8月第4期。

[9] 陈有文、马洪仁："迪拜 Jebel Ali 自由港发展模式分析"，《水运工程》2006年第9期。

[10] 张欢、李滨彬、李晓渝、苏小坡："全球三大自由贸易港为海南提供经验"，《中国外资》2018年第5期。

[11] 王胜、刘丛勇、张东东："迪拜自贸港区发展对海南的启示"，《今日海南》2018年第7期。

[12] 高增安、张鹏强、李肖萌："境外典型内陆自贸区税收优惠政策比较研究"，《西南民族大学学报（人文社会科学版）》2018年第6期。

[13] 亓坤："迪拜启示"，《新理财（政府理财）》2014年第

3 期。

［14］蒋传瑛："阿联酋旅游业发展模式研究"，《阿拉伯世界研究》2011 年第 5 期。

［15］王春枝："传媒集群竞争优势研究：以迪拜媒体城为例"，《国际新闻界》2013 年第 10 期。

［16］于靖园："迪拜'向东看'"，《小康》2018 年第 5 期。

新加坡大国平衡战略探析

王一丹[*]　宋国华[**]

作为一个微型国家，新加坡经过半个多世纪的发展，一跃成为世界上最发达的国家之一，拥有超出其人口数量和国土面积的影响力，发展成就令世界瞩目。新加坡的成功与其自独立初期起实施的大国平衡战略有着密切的关系。独立初期，新加坡领导人依据国际关系学经典的现实主义均势理论，结合国际地区局势和本国国情创造性地制定了适用于新加坡的大国平衡战略并有效地付诸实践，使新加坡这个脆弱的移民国家在艰难的政治环境下保持了独立自主，实现了繁荣发展，提升了国际地位。

---

* 王一丹，硕士，四川外国语大学国际关系学院教师，主要研究方向为中国外交。

** 宋国华，博士，副教授，四川外国语大学国际关系学院副院长，主要从事比较国别研究和中国外交研究。

一、新加坡大国平衡战略的理论基础和内涵

新加坡大国平衡战略的理论基础是现实主义均势理论。现实主义均势理论是国际关系学中历史最悠久，影响力最大，也是最为经典的理论。依据学界对均势的阐释，可将均势划归为两类：一类是指国际关系的一种均衡状态，另一类是指国家发展对外关系的一种战略。国家出于安全的考虑往往在权力互动中追求均势，但由于各国有着不同的权力结构条件、地理条件和战略资源，会采取不同的模式，如两极均势、多极均势、竞争的格局、离岸均势和以小制大的均势等。本文所讲的均势是国家发展对外关系的一种战略，是以小制大的均势。

传统的国际关系研究大多关注大国间的均势，均势战略经常成为大国争霸的工具或是成为大国相互妥协的产物。先天的条件决定了新加坡的大国平衡战略不同于传统的均势战略。新加坡的大国平衡战略的实施主要是通过外交手段促成大国在新加坡和东南亚地区实现势力的平衡，从而使新加坡在这种稳定的状态下求得生存和发展。新加坡的大国平衡战略若能成功实施，可使新加坡既能保持国家的独立自主，又能与众多国家维持友好关系，还能借助大国的力量实现本国利益的最大化。

二、新加坡制定大国平衡战略的背景

新加坡南濒新加坡海峡，处于爪哇海、南海与马六甲海峡间的

咽喉位置。马六甲海峡位于苏门答腊岛与马来半岛之间，为连接印度洋与太平洋的纽带，是亚洲、欧洲、非洲和澳洲沿岸国家贸易往来的海上要道，其通航历史长达两千多年，许多发达国家进口的石油和战略物资都要途经此地。

然而，优越的地理位置并不能消除小国固有的脆弱性。独立初期，新加坡国内资源匮乏，甚至连淡水都要从马来西亚进口。当时，新加坡面临严重的经济困难，屡屡爆发罢工，失业率居高不下，高生育率更使国家经济雪上加霜。同时，新加坡又是一个由移民组成的多元种族、多元文化并存的国家，时刻面临着分裂的危险。[①] 新加坡70%的人口为华人，使得其与相邻的马来西亚和印度尼西亚的关系极为脆弱敏感，一度被认为是中国在东南亚地区的“代理人”。当时，以李光耀为首的新加坡人民行动党深感国家前途渺茫。李光耀曾如是感叹新加坡独立的无奈以及国家生存的艰难：“一些国家原本就独立，一些国家通过争取而独立，而新加坡的独立却是强加在它头上的。对于新加坡来说，1965年8月9日并不是值得庆祝的日子。我们从来没有争取新加坡独立，一个独立的新加坡根本无法生存下去。”[②] 对于一个突然间被迫独立、完全没有准备的国家而言，如何生存成为头等大事。

从地区局势来看，新加坡独立之初面临着复杂而又严峻的国际地区局势。首先，当时马来西亚和印度尼西亚等东南亚国家纷纷采取敌视中国的政策，新加坡以华人为主的人口结构自然使其成为众矢之的。东南亚国家对新加坡充满敌意、深存戒备，视新加坡为

---

① 许心礼：《各国手册丛书——新加坡》，上海辞书出版社1983版，第15页。

② ［新］李光耀著：《风雨独立路：李光耀回忆录》，外文出版社1998版，第11页。

“第三中国”。[①] 其次，20世纪60年代的国际局势主要表现为以下五个方面：第一，美国和苏联在全球范围内激烈地争夺势力范围，新加坡由于自身特殊的地理位置，成为美苏两国在东南亚地区争夺的重点；第二，中国和苏联从决裂走向对抗，为当时的世界格局增添了不小的变数；第三，日本实现了经济腾飞，成为全世界第三经济大国，并开始积极谋求走出战败国的阴影，开展自主外交，资本主义国家呈现美国、西欧和日本三足鼎立的局面；[②] 第四，经济全球化趋势已初见端倪，发达国家资本输出、在第三世界国家发展资本密集型和劳动密集型产业的趋势日益明显；[③] 第五，世界殖民体系瓦解，许多第三世界国家脱离了西方大国的殖民统治之后，纷纷登上国际舞台，独立自主与谋求发展成为这些国家的共识。

为了应对小国的脆弱性和独立初期复杂严峻的国际地区局势，新加坡领导人根据国际关系学经典的现实主义均势理论，结合国际地区局势和本国国情创造性地制定了适用于新加坡的大国平衡战略并有效地付诸实践，使新加坡这个脆弱的移民国家在艰难的政治环境下保持了独立自主，实现了繁荣发展，提升了国际地位，成就斐然。

---

① 刘少华：“新加坡对印尼的外交”，《当代亚太》2001年第5期，第89页。

② 魏炜著：《李光耀时代新加坡外交研究》，中国社会科学出版社2007版，第60页。

③ 王振宇：“李光耀时代新加坡外交的背景和基本原则”，《内蒙古民族大学学报》2010年第6期，第25页。

三、新加坡大国平衡战略的实施

独立初期，新加坡领导人审时度势，认为东南亚地区的命运不仅由东南亚国家决定，更是取决于东南亚区域之外的几个大国。新加坡大国平衡战略的实施主要体现为通过外交手段促成大国在新加坡和东南亚地区实现势力的平衡，从而使新加坡在这种稳定的状态下求得生存和发展。

（一）冷战时期大国平衡战略的实施

首先，挽留英国。新加坡独立后，国力正在下降的英国计划从苏伊士运河以东撤退，将驻扎在新加坡的军队撤回。而李光耀认为，必须尽量延缓英国军队的撤退，给新加坡创造缓冲的时间。为此，李光耀多次出访，终于促使英国政府在 1968 年 1 月宣布，把撤军期限从 1971 年 3 月推迟到 1971 年 12 月。此外，李光耀还主动提出建立由英国、澳大利亚、新西兰、新加坡和马来西亚共同组成的五国联防系统，以防止西方盟国撤退后在新加坡出现军力真空。

其次，争取美国。新加坡与美国的关系起初并不顺利，这与李光耀个人对美国的看法有一定关系。但自从英国宣布从新加坡撤军以后，李光耀就一直把美国视为新加坡安全与经济发展的主要依靠力量，他认为“美国在西太平洋地区所扮演的角色，对亚洲的安全稳定非常重要，对新加坡的利益也举足轻重，没有区域的安全与稳定，新加坡就不可能有经济发展与贸易投资”。①

第三，借助苏联。新加坡虽然希望美国保持在东南亚地区的军事存在，却不希望美国在东南亚的军事力量过于强大。李光耀认为：“美国在东南亚地区的影响力应主要是经济上的影响力而非军事上的影响力，在军事上的影响力必须是刚好强大到足以与俄国人相抗衡的程度。”② 可见，新加坡虽然希望倚仗美国，但又担心美国在东南亚地区的军事力量过大，威胁新加坡的主权。因此，新加坡希望苏联进入东南亚地区。苏联进入东南亚地区，一方面可以增强美国参与东南亚地区事务的决心，另一方面可以避免美国肆无忌惮地干涉东南亚国家的内政外交，侵害东南亚国家的主权。

第四，重视中国。虽然由于历史原因，中国和新加坡在 20 世纪 70 年代以前几乎没有政治往来，只保持了经贸上的关系，但是作为东南亚地区最大的近邻，中国毋庸置疑是该地区的重要力量，从维持大国在东南亚地区力量平衡的角度出发，新加坡认为中国在东南亚地区的存在能够有力地牵制苏联。因此，新加坡一直主张东南亚国家同中国建立友好关系，并呼吁世界各国与中国接触，帮助中国早日实现现代化。1976 年李光耀对中国进行了首次访问，受到毛泽东的接见，在会谈中，他重申了“中国越强大，中国同美国和苏联的力量就更加平衡，新加坡就更加安全”③ 的观点。1978 年邓小平对新加坡的访问成为中新关系发展过程中的一个转折点。20 世纪 80

---

① 陈岳、陈翠华编著：《李光耀：新加坡的奠基人》，时事出版社 1990 版，第 149 页。

② ［英］亚历克斯·乔西著，上海人民出版社编译室译：《李光耀》，上海人民出版社 1976 版，第 610 页。

③ ［新］李光耀著：《李光耀回忆录 1965—2000》，联合早报出版社 2000 版，第 37 页。

年代以后，新加坡积极参与中国的改革开放和现代化建设，成为中国重要的经贸和投资伙伴。

第五，依靠日本。日本在东南亚地区有着诸多的传统利益。20世纪60年代后期，日本在美国的扶持下实现了经济复苏，重新开始对外投资，并开始进行产业转移。李光耀认为日本在国际事务中具有很大的潜力。面对苏越南下对东南亚国家构成的严重威胁，新加坡和其他东南亚国家都希望日本能够在政治上为东南亚地区的稳定和大国力量的平衡发挥作用。

（二）冷战后大国平衡战略的实施

冷战后，新加坡依然奉行大国平衡战略。“冷战后，世界将会过渡为一个新的势力均衡状态，美国、西欧和日本的前景会更加暗淡，而其他的东亚国家包括中国在内将继续保持经济高速增长。”[①] 新加坡根据各个大国在东南亚地区的利益和影响力的变化，对其大国平衡战略进行了一定的调整，主要体现为依靠日美等西方经济大国，接触中国，联合印度以及使大国平衡战略机制化。

首先，依靠日美等西方经济大国。经济上，长期以来美国是新加坡最大的出口市场和外资来源国。安全上，新加坡依旧长期依赖美国在东南亚地区的军事存在。尽管冷战之后新加坡与美国在人权、民主等问题上存在分歧，但是“美国保留在亚洲的存在对保障东南亚地区的安全稳定和推动新加坡经济增长发挥了积极作用。相比之下，新加坡与美国的微小分歧是不足挂齿的，不管怎么说，美国仍是所有强国中最宽厚的，在维持区域势力均衡的过程中扮演了主要

① 新加坡联合早报编著：《李光耀40年政论选》，现代出版社1994版，第107页。

角色”①。因此，新加坡逐渐偏离冷战时期的中立政策，极力支持美国军队继续驻留东南亚地区、保留在东南亚地区的军事存在，并成为美国在东南亚地区最大的军事基地，不断加深两国的军事合作，以平衡新兴地区大国的力量。此外，冷战后日本加快了发展成政治、军事大国的步伐。日本把东盟作为其成为政治大国的突破口，出于对自身利益的考量，新加坡希望日本能够加强在东南亚地区的政治、军事存在，以平衡中国日益增长的影响力。

其次，接触中国。中国的崛起使东南亚国家感到压力，同时也为东南亚国家带来了发展机遇。“最好的办法是把中国增长的力量引导到和平建设上面来，把中国经济通过世界贸易组织带入全球体系，这样才能为建立一个稳定的世界打下更稳固的基础。”② 1990 年 10 月，新加坡与中国建立了正式的外交关系，之后双边关系得到持续深化。新加坡支持中国成为亚太经合组织成员，参加亚欧首脑会议，以及成为东盟的对话伙伴国。1997 年亚洲金融危机之后，新加坡的经济发展越来越依赖中国。新加坡把同中国的经济合作定位为其经济发展的第四个引擎，把对中国的投资由东部推广到西部和东北地区以搭上中国经济发展的快车。与此同时，新加坡也不可避免地担心中国的崛起会打破东南亚地区的力量平衡，因而不断加强与美国和印度等国的军事安全合作，以抵消中国在东南亚地区的影响力。

第三，联合印度。印度巨大的潜在市场和两国历史文化上的联系使得新加坡与印度的往来具有天然的动力。从均势的角度出发，新加坡认为，将印度引入东南亚地区，与印度在军事和经济领域加

① ［新］李光耀著：《李光耀回忆录 1965—2000》，联合早报出版社 2000 版，第 37 页。

② ［美］阿拉斯泰尔·伊恩·约翰斯顿、罗伯特·罗斯著，黎晓蕾、袁征译：《与中国接触——应对一个崛起的大国》，新华出版社 2001 版，第 165 页。

强合作，可以平衡中国在东南亚地区的影响力和美国在东南亚地区的军事实力。自 1994 年吴作栋访问印度以后，新加坡和印度高层互访不断。新加坡积极推动印度同东盟在安全、政治、经济等领域进行全方位的接触。

第四，使大国平衡战略机制化。新加坡的大国平衡战略经过多年的实践，被证明是行之有效的。这一战略的实施不但有利于维护新加坡的稳定与繁荣，也有利于东南亚地区的和平与发展。因此，冷战后，新加坡的大国平衡战略逐渐被大多数东盟国家接受，进而逐步成为东盟的制度安排，上升为东盟的外交战略。其中，新加坡起了重要作用，主要表现在以下几个方面：一是新加坡与东盟其他成员国共同倡导成立由东盟主导的东盟地区论坛，将亚太地区的主要大国如中国、美国、俄罗斯、印度等国全部纳入，形成定期对话机制；二是新加坡于 1996 年倡议召开欧亚会议，重新加强了东盟与欧洲的联系与对话；三是新加坡在推动东盟与区域外大国的对话方面扮演了关键的角色。新加坡在东盟与中国、日本及印度建立自由贸易区的谈判中起到积极的作用，并欢迎这些大国加入《东南亚条约组织》，以形成大国在东南亚地区的势力平衡。

四、新加坡大国平衡战略的效果与局限性

总体而言，新加坡的大国平衡战略是成功的，使其成为小国开展“大外交”的典范，但是这一战略并不完美，也有其不足之处。

（一）新加坡大国平衡战略的效果

历史表明，新加坡的大国平衡战略是成功的，甚至可以说新加坡创造了一个奇迹。大国平衡战略的制定和实施使新加坡这个脆弱的移民国家在艰难的政治环境下保持了独立自主，大大提升了国际地位，实现了国家繁荣。

独立之初，作为一个脆弱的小国，新加坡面临着严峻的安全问题。新加坡在英国宣布撤军后更是认识到这一问题的严重性。因此，新加坡开始通过实施大国平衡战略来改变安全困局，建立了由英国、澳大利亚、新西兰、新加坡和马来西亚共同组成的五国联防系统。五国联防系统的建立有效地保障了新加坡的安全。随后，新加坡同美国开展的军事合作更是增强了新加坡的安全保障。通过加强自身的军事建设以及与多国共同建立安全防务机制，新加坡的国防实力大幅提升。

新加坡实施大国平衡战略为其营造了安全稳定的发展环境，安全压力的降低使新加坡能够集中精力发展经济，进而实现了经济腾飞，跃居发达国家的行列。新加坡的经济属于外向型经济，它的发展离不开其他国家，在与他国发展经济关系时，新加坡将经济与政治分开，实现了本国利益的最大化。

经济上的成就使新加坡在国际社会得到普遍认可，积极的外交活动更使其国际地位大幅提升。新加坡通过实施大国平衡战略，同各个大国建立了比较稳定的关系，同时通过加入各个国际组织并在其中积极发挥作用提高了自身的影响力。自独立之日起，新加坡就积极加入各种国际组织，如不结盟运动、联合国等。随着整体实力的提升，新加坡越来越多地在国际问题上发声甚至引领问题的解决，如柬埔寨问题。1979 年，新加坡将越南侵略柬埔寨的问题提交联合国，成功促使该问题国际化。随着新加坡越来越积极地参与地区事务与国际事务，国际社会也越来越重视这个城市国家。

（二）大国平衡战略的局限性

大国平衡战略之所以能够成功，有两个关键的条件：一是大国认识到对抗性政策不符合它们的利益，因而都希望避免直接的冲突；二是小国发挥的作用符合大国的利益并得到大国的认可。冷战结束后，国际社会的相互依赖程度加深，大国之间都不希望发生正面冲突，这为新加坡大国平衡战略的实施营造了和平稳定的外部环境。新加坡在同其他国家交往时保持了其独立性，这也得到大国的认可。因此，新加坡的大国平衡战略取得成功。

但是，在无政府状态的国际社会中，和平不可能是永恒的。首先，一旦国际社会陷入大国对抗的局势，新加坡实施大国平衡战略的难度就会显著增加，实施大国平衡战略的空间也会急剧缩小。因此，新加坡实施大国平衡战略的外部环境存在着不确定性。其次，新加坡在实施大国平衡战略的过程中过于强调实用性，以至于在一些外交实践中出现言行不一的情况。例如，新加坡在独立之初就加入了不结盟运动，但是其在政治上却倾向西方，言行不一在一定程度上损害了新加坡的国际形象，这并不利于新加坡的长远利益。

参考文献

[1] 董立彬："新加坡现实主义外交政策分析"，河北师范大学硕士学位论文，2007 年。

[2] 隆德新："区域政治中的‘软领导’者：再探新加坡之东

盟身份”，《太平洋学报》2012 年第 6 期。

[3] 徐晓东：“独立以来的新加坡外交的特点”，内蒙古师范大学硕士学位论文，2008 年。

[4] 魏炜：“论新加坡现实主义外交的特点”，《历史教学问题》2000 年第 5 期。

[5] 陈奕平：“美国与新加坡自由贸易协定的战略意义”，《当代亚太》2004 年第 10 期。

[6] 王飞：“新加坡与美国的军事合作关系”，《东南亚研究》2004 年第 3 期。

[7] 丁跃进：“冷战后美日关系的新走向”，《东北亚论坛》1997 年第 2 期。

[8] 陈杰：“新加坡外交——其生存之道”，《东南亚研究》1988 年第 3 期。

[9] 刘少华：“新加坡对印尼的外交”，《当代亚太》2001 年第 5 期。

[10] 王林静、蒋兰：“均势主义与新加坡外交”，《法治与社会》2008 年第 12 期。

[11] 钟奇峰：“论新加坡的国际生存之道”，《山东行政学院山东省经济管理干部学院学报》2007 年第 1 期。

[12] 骆莉：“二战以来东南亚地缘政治格局的变化与发展”，《东南亚研究》2002 年第 3 期。

[13] 郑维川著：《新加坡治国之道》，中国社会科学出版社 1996 年版。

[14] 毕世鸿著：《新加坡概论》，世界图书出版广东有限公司 2012 年版。

[15] 陈岳、陈翠华著:《李光耀——新加坡的奠基人》，时事出版社 1995 年版。

[16] 王振宇:“李光耀时代新加坡外交的背景和基本原则”，《内蒙古大学学报》2010 年第 6 期。

[17] 肖立国:“略论李光耀的外交战略”，《广西师范大学学报》2000 年第 1 期。

[18] 陆建人:“亚太大国在东南亚地区的利益”，《世界经济与政治》2000 年第 2 期。

[19] 汪波:“新加坡加强发展对华经济的动因分析”，《东南亚研究》2003 年第 2 期。

[20] 胡安琪:“新加坡 2010 年经济、政治、外交形势回顾与展望”，《东南亚研究》2011 年第 2 期。

[21] [美] 阿拉斯泰尔·伊恩·约翰斯顿、罗伯特·罗斯著，黎晓蕾、袁征译:《与中国接触——应对一个崛起的大国》，新华出版社 2001 年版。

[22] 许心礼著:《各国手册丛书——新加坡》，上海辞书出版社 1983 年版。

[23] [英] 亚历克斯·乔西著，上海人民出版社编译室译:《李光耀》，上海人民出版社 1976 年版。

[24] [新] 李光耀著:《李光耀回忆录 1965—2000》，联合早报出版社 2000 年版。